“自分らしさ”から見つけるお金の増やし方

貯金・投資を始めたいので、私に合う方法を教えてください！

ファイナンシャル・プランナー
コーチングトレーナー
お金の勉強講座「Iam」運営

まいやん

はじめに

はじめまして。本書を手に取ってくださり、ありがとうございます。

私は、ＳＮＳで家計管理や投資について発信している「まいやん」です。大阪に住む29歳です。現在は、**ファイナンシャル・プランナー**（以下、ＦＰ）として、**お金の勉強講座**「**Ｉ ａｍ**」を運営しており、受講生が「なりたい自分」を叶えられるよう、それぞれの人生設計やお悩みに寄り添いながら、お金のアドバイスをしております。

また、**コーチングトレーナー**として、単に一般的なお金の知識を伝えたり、アドバイスをしたりするだけではなく、問いかけを通して受講生が自己理解を深め、自分で解決策を見つけることができるようなサポートもしております。

ありがたいことに、２０２４年から始めたスクールの受講生は１３０名を超えました。ＳＮＳのフォロワー数は合計で16万人に達し、最近では特に20～40代のミレニアル世代の女性に向けて、お金についての講演をさせていただく機会も増えてきました。

そして今回、出版のお声がけをいただいたのです。

ここ数年、世界の株式市場が盛り上がっています。日本では、資産作りのための投資を優遇する制度「ＮＩＳＡ」が使いやすくバージョンアップされたこともあり、資産運用がブームです。ネットを見ても書店に行っても「早くＮＩＳＡを始めましょう！」「オルカン（全世界の株式に投資するファンド）を積み立てれば大丈夫！」という、私たちを急き立てるような強い言葉が飛び交っています。

こんな状況に、私はちょっとだけ、違和感を覚えます。もちろん、自分の将来やお金のことを真剣に考えて、知識を得ようとするのは本当にすばらしいことです。

でも、それが世間の風潮に煽り立てられたもので、ただお金を増やすことだけが目的になってしまっているとしたら……それって**「自分らしいお金との関わり方」**だといえるでしょうか？

少し、私の話をさせてください。

私が育った家庭は、あまり裕福ではありませんでした。両親はお金が原因でけんかをすることが多く、友達がやっているような習い事もさせてもらえませんでした。私は地方出身なのですが、大学進学の時も、奨学金を２５０万円ほど利用した上で、家から通える大学しか認めてもらえませんでした。お金が原因で、夢や好きなことをあきらめたり、やりたいことを制限されたりすることにコンプレックスを抱き、こんな人生はもう嫌だと思っていました。

大学に入るとアルバイトができるようになりました。それ以降、今までにしてきた我慢を取り戻すかのような浪費が始まります。大学卒業後は「もうお金に困りたくない！」という気持ちで銀行勤めを選んだにもかかわらず、浪費はさらに加速しました。欲しい物が目に入ればすぐ買っていましたし、周りに貯金がないことを悟られたくなくて、新作の洋服を買ったり、飲み会には必ず参加したり、貯金があるフリをしたりと、自分をよく見せることに必死でした。家の中は洋服やコスメ、欲しかった物でいっぱいになって、この全部が私の望んでいた生活のはずでした。

それなのに、私の気持ちは落ち込むばかり……。楽しいのは物を買った時の一瞬だけで、それ以外の時間は、クレジットカードの支払いを考えてずっと憂鬱《ゆううつ》になっていたのです。お金を使うと不安になる、その不安を振り払うために一瞬の楽しさにすがって物を買う、するとさらに不安が増していく。こんな悪循環にすっかりはまり込んでいました。

当時の私をこのような行動に駆り立てていたのは、見栄だと思います。周りに見せている自分と本当の自分とのギャップに悩む日々が続きました。

こんな苦しい時間を脱出することができたきっかけは、2つあります。

1つは、**銀行の先輩に貯金額を聞かれたこと**です。もちろんゼロだったのですが、見栄を張って「25万円です」と答えたら、秒で「えっ大丈夫?」と言われ、すごく心配されました。私としては、25万円〝も〟貯金できていると思っていたので、ゼロって相当深刻な状態なのか……と、衝撃を受けました。

そしてもう1つが、**彼氏にお金を貸してほしいと言われたこと**です。それまで、私は年収の高い男性と結婚して、将来はお金に困らない生活をしたいと思っていました。でも、私が好きになった男性は、お金の面で頼れる人ではなさそうでした。そこで、私ははっきり悟りました。結婚する男性や周りに頼るのではなく、自分でなんとかしなければ!　と……。

そこから心を入れ替えて、家計管理と投資の勉強を始めました。資産を増やしながら、自己投資や副業にも力を入れるようになりました。FPの資格を取ったのは、お金の制度や税金について詳しく学びたいと思ったからです。

家計管理は、まず自分と同世代の人たちがどんなことをやっているのか知るために、SNSから情報を集めました。他の人が投稿している貯金方法や節約法をどんどん試して、効果があったものや、自分に合っているものを続けたのです。FPを仕事にされている方の著書も数えきれないくらい目を通し、学びました。

並行して、勤務先の銀行にある投資信託のパンフレットを片っ端から読み込み、テレビのニュースと日本経済新聞に毎朝必ず目を通して、それをお客様や同僚相手にアウトプットすることを繰り返しました。自分のお金で投資をして、勉強したことが正しいかどうかも確かめていきました。

ちなみに、当時240万円の借金があった私の彼氏も、真剣に話し合い、徹底した生活改善を行うことで、無事に完済へ導くことができました。

思い返せば、こんなふうに自己流のトライ&エラーを繰り返したことで、徐々に自分に合った「お金との付き合い方」ができるようになっていったのでしょう。

心を芯から揺さぶるような2つの出来事があったからこそ、私はお金について本当に真剣になり、その結果が、お金の勉強講座を運営する今の自分につながったのだと思います。

もちろん、こんな「お金に苦しむ体験」が誰にでも起こるとも、必要だとも思いません。この本を手に取ってくださったあなたには、たぶん「借金彼氏」はいないと思いますし。

けれど、現在や将来に何かしらの心配事があって、今「はじめに」を読んでくださっているのではないでしょうか。

「Ｉ ａｍ」の受講生も、将来に対して漠然とした不安があって、お金の知識を身につけたい、自立した女性になりたいという真剣な思いを持っています。

過去にお金の勉強や家計管理をしてうまくいかなかったという方も多くいます。でも、それは、ただその方法がその人に合っていなかっただけです。**あなたが楽しく続けられるやり方は必ずあります。**

私がサポートしてきた受講生の中には、昔の私と同じように、**心のわだかまり**を抱えている人が何人もいました。お金の話をしていたのに、いつの間にか過去のネガティブな話になって、泣き出してしまう方も少なくありません。彼女たちは**自分と向き合った上で、自分にフィットするお金の扱い方を、自分で見つけ出す必要がありました。**私はそばにいて、そのお手伝いをしただけです。

「浪費がやめられない」という悩みも、単にクレジットカードの使用をやめるという方法をとるのではなく、根本的に解決するためには浪費がやめられない理由を深掘りする必要があると思います。たとえば、よくあるのはストレスだったり、見栄だったり、優柔不断な性格だったり……。このような心のわだかまりを緩めていくことが浪費グセを直すことにつながります。

「家計簿が続かない」という悩みも、自分の得意なことやモチベーションの源泉を知ることが解決のヒントになります。ある方は完璧主義な性格だったため、手書きの家計簿だと間違えてしまった時に書き直すのが嫌になるという理由で挫折していました。自身の性格と向き合うことで、自分に合った家計管理の方法を見つけて、今ではお金が貯められるようになっています。

このような経験を積み、私は**自己理解を深めていくことが、お金の悩みを解決することにつながる**と確信しました。

だからこそ、ただ単にお金の節約法や貯金術、投資法などをお伝えしたところで、情報としての価値はあっても、それを本当に役立ててもらえるだろうか？　という疑問があります。

ですから、本書は「これが正解」「これだけやればＯＫ」という書き方はしていません。正しい情報はしっかり盛り込んだ上で、自分で考えて自分に合った方法を選んでいくための本になっています。

そのために、構成もＣｈａｐｔｅｒ１でまずは自分の性格を知っていただき、Ｃｈａｐｔｅｒ２で自分の「お金の現在地」を調べていただく形をとっています。Ｃｈａｐｔｅｒ３以降も、今までに３００人以上と個別面談をする中で得た実践例をたっぷり盛り込みました。

何も考えずに「正解」といわれているものを試すより、正直、多少手間はかかると思います。でも**本書を読んで身につく知識と、自分のお金について自分で考える力は、一生あなたのお役に立つはずです**。

お金の悩みを払拭して、なりたい自分になること。お金を理由に、やりたいことをあきらめない自分になること。そのために、お金を「稼ぐ・貯める・増やす」について知り、実践していくこと。本書を通じてそのお手伝いができたら、私にとってそれ以上の喜びはありません。

ぜひ、一緒に学んでいきましょう！

Chapter 3

【貯める】家計簿のつけ方から節約術まで大公開

Chapter 4

【増やす】一番分かりやすい投資の考え方と選び方

Chapter 5

【稼ぐ】低リスクで人生変わるかも？「副業」のススメ

Chapter 6

【守る】人生のために知っておきたい制度・保険

※本書に掲載されている情報は執筆時点のものです。

※投資はご自身の判断でお願いいたします。本書の情報を利用されたことにより損失が発生した場合も、著者および出版社が責任を負うものではありません。

STAFF

デザイン　藤塚尚子（etokumi）
イラスト　チヤキ
DTP　思机舎
校正　鷗来堂
編集協力　日野秀規
編集　伊藤瑞華（KADOKAWA）

Chapter 1

あなたの注力ポイントを見つけよう

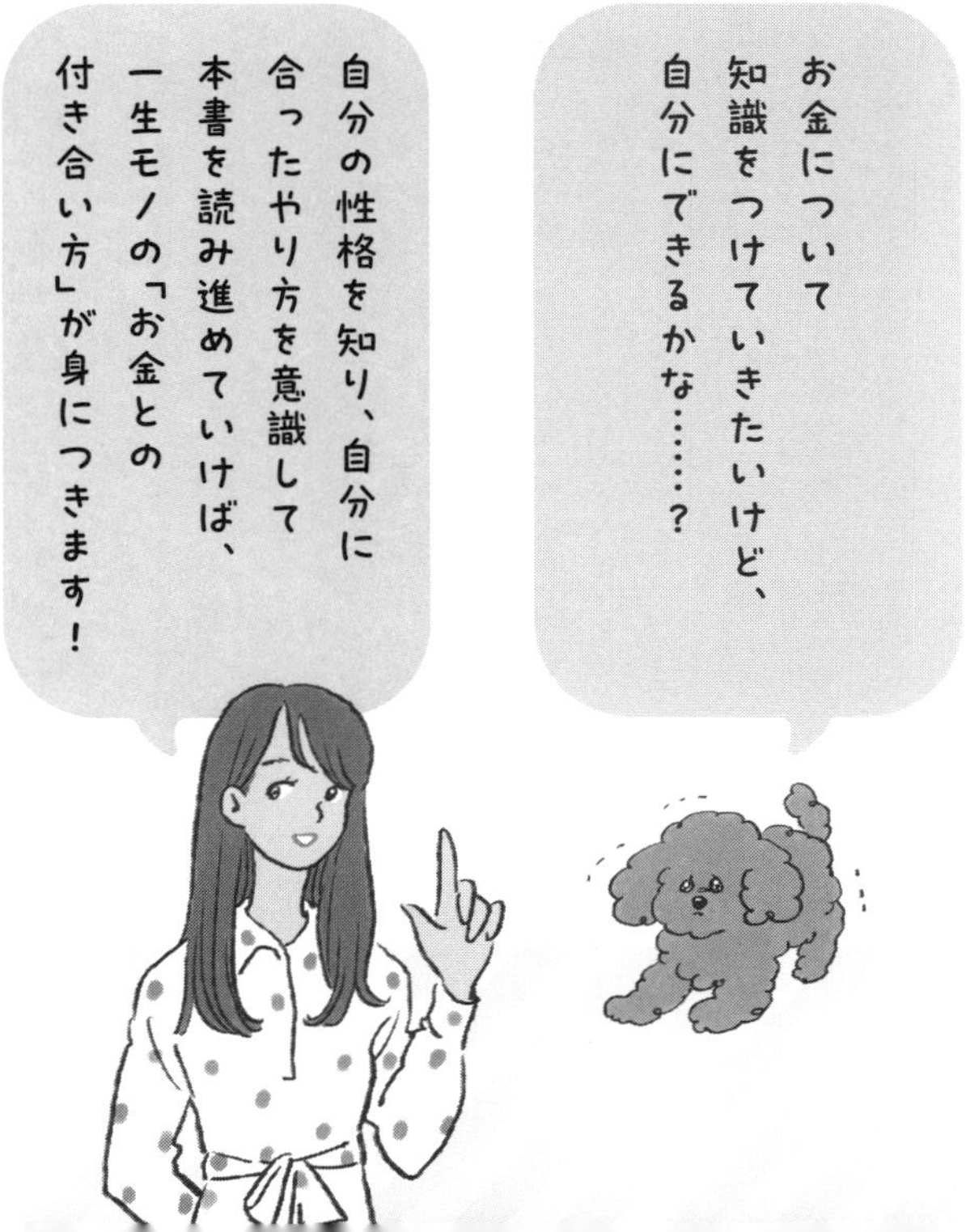
お金について
知識をつけていきたいけど、
自分にできるかな……？
自分の性格を知り、自分に
合ったやり方を意識して
本書を読み進めていけば、
一生モノの「お金との
付き合い方」が身につきます！

お金との付き合い方に直結する「性格タイプ」って？

7つの「性格タイプ」、あなたはどれに当てはまる？

最初にお伝えしておくと、本書の目的は、あなたを超節約家にすることでも、大金持ちにすることでもありません。私は運営しているお金の勉強講座「Ｉ ａｍ」で、受講生とマンツーマンでやり取りしながら**「その人らしいお金との付き合い方」**を見つけてもらうことを第一に考えています。そこで本書でも、まずは自分らしさを知るための「性格タイプ」チェックから始めていくことにしましょう。分類はシャザド・チャミン著『実力を100％発揮する方法』（ダイヤモンド社）を参考にしています。

次のページから、7つの性格タイプそれぞれにチェックリストを用意しています。チェック数が多かった上位3つの性格タイプの特徴が、あなたの性格を表しています。

潔癖性（完璧主義）タイプ
□ 完璧にできないなら、最初からやらないほうがいいと思う
□ 1つでもミスすると気分が悪いし、失敗するのは本当に嫌
□ 物事は正しい順序や形式で取り組みたい
□ 他人から几帳面、神経質、頑固と言われたことがある
□ 計画通りにできないとイライラしてしまう
□ 物事を0か100かで考えてしまいがち
□ 約束や決めた時間は必ず守る
□ 自分にも他人にも厳しい
□ いつも忙しくしていないと落ち着かない
□ 自分の行動が「正解」かどうかが気になる
合計　　　個

八方美人（愛想よく振る舞う）タイプ
□ 争い事が嫌いで、人と向き合うことを避けてしまいがち
□ 人を喜ばせたり、手伝ったり、助けたり、褒めたりすることが好き
□ 自分の感情や都合より、他人の願望を優先することが多い
□ 人に嫌われたくないし、好かれたい
□ 周りから受け入れられているか確認してしまう
□ 自分の希望や欲求を他人に素直に伝えられない
□ 人に依存してしまうところがある
□ 自分は八方美人だと思う
□ 見栄を張ってブランド物を買ったり、他人に奢ったりしてしまう
□ 自分の意見に自信が持てない
合計　　　個

怖がり（失敗が怖い）タイプ

- □ いつも何かと心配したり気を揉んだりしている
- □ 常に用心深く、危険がないか警戒している
- □ 不安になりやすく、心穏やかな時はあまりない
- □ 悪いことが起きると、なかなか頭を切り替えられない
- □ 失敗することが怖くて新しいことを避けてしまう
- □ 自分の将来が不安すぎる
- □ 最悪の事態を考えてしまうクセがある
- □ ルールや規則を知っておきたいし、説明書は必ず読む
- □ うまくいくイメージができないと行動に移せない
- □ メリットよりもリスクが気になり消極的になってしまう

合計 ＿＿ 個

移り気（気分屋）タイプ

- □ いろいろなことに興味を持ちすぎた結果、中途半端になってしまう
- □ 一番やりたいことが何か分からなくなる
- □ 仕事やプライベートでマルチタスクを抱えている
- □ 今の状態やしていることに常に満足できない
- □ 退屈しないよう、絶えず刺激を求めている
- □ 1つのことに辛抱強く取り組むのが苦手
- □ 気分にムラがあり、ふさぎ込むことも多い
- □ 不愉快なことからすぐに逃げたくなる
- □ できるだけたくさんの選択肢を持っておきたい
- □ 好みやマイブームがコロコロ変わりがち

合計 ＿＿ 個

優柔不断(先延ばし)タイプ
□ ぐずぐず決断を先延ばしにすることが多い
□ 人や物事に向き合えず、問題が深刻化することがある
□ 重要でも嫌な仕事は対応を先送りしてしまう
□ ポジティブなものや心地よいもの、好きなことばかり選ぶ
□ 難しい、楽しくない、嫌な、不快な物事から目をそむけてしまう
□ 争い事を避けたくて、問題を軽く見積もったり曲げて伝えたりする
□ 気楽なルーティンワークや習慣に逃げ込み、不愉快な仕事は先送りする
□「なんとかなる」が口グセ
□ 保留にしていることがあり、将来に漠然とした不安がある
□ 現状にそこそこ満足している
合計　　個

優等生(結果重視)タイプ
□ 人間の価値は実績で決まると思う
□ 地位や世間的なイメージは重要
□ なんでも一番になりたい
□ 物事は結果が出ないと意味がない
□ 何かを達成しないと自信が持てない
□ 成功した時や何かをやり遂げた時に、自分は価値ある人間だと感じる
□ 成功して周りから認められたい
□ 内面を見つめるより外向きのイメージをよくすることに関心がある
□ 感情に流されたくない。目標を達成する上で感情は邪魔
□ 人と比べて焦ったり落ち込んだりするが、それがパワーの源でもある
合計　　個

理屈屋(効率重視)タイプ
□ 合理的で分析的であることに誇りを持っている
□ 人に冷たい、怖いと思われがち
□ 物事が整理整頓されている状態が好き
□ 1から10まで理解しないとやる気が出ない
□ ムダが嫌いで効率が悪いとイライラする
□ 感情よりも分析して理解することが大事
□ 集中力が高く、頭の回転が速い。他人から知的だと言われる
□ 思考力の足りない人、感情的な人が苦手
□ 周りの人に理解されていないと感じる
□ 人付き合いがあまり好きではない
合計 ＿＿ 個

あなたの性格タイプは

- ＿＿＿＿＿＿＿＿＿＿＿＿タイプ
- ＿＿＿＿＿＿＿＿＿＿＿＿タイプ
- ＿＿＿＿＿＿＿＿＿＿＿＿タイプ

です！

チェックした個数が多い順に上から記入しておきましょう。

タイミングによって性格は揺らぐものですから、定期的にチェックし直すのもいいと思います。

書き込みが終わったら、次ページからの性格タイプに合った「お金との付き合い方」に進んでください。

人の心にはいろいろな側面があるものです。3つの性格タイプを選ぶことで、自分でも気づかなかった心のクセに気づけたのではないでしょうか？

ここからは、性格タイプに応じた「お金との付き合い方」と「お金の増やし方」をお伝えします。自分の得意分野を知ることで、Ｃｈａｐｔｅｒ２以降で一緒に学んでいくお金の具体的な知識やテクニックが、より理解しやすくなるはずです！

潔癖性（完璧主義）タイプ

潔癖性（完璧主義）タイプの方は、とにかく物事をきっちり最後まで、完璧にやりたいタイプ。そのこだわりがプラスに働き、取り組んだ物事で大きな成果を得られることがある反面、一つでもうまくいかなかった時に自分を責めて、苦しくなってしまうこともあるのでは？　そんなあなたには、完璧ではない自分を許し、たまには「まあいっか」と気持ちを楽にして取り組めるお金との付き合い方を、本書を通じて身につけていただけたらと思っています。

潔癖性タイプは、お金を**「稼ぐ」**ことが得意です。自分に厳しく、しっかり段取りをして、仕事で成果を出していく完璧主義さんは、少し目先を変えて**「副業」にチャレンジ**してみるのもいいかもしれません。「貯める」と「増やす」も頑張って、収入アップの成果をさらに大きく育てていきましょう！

完璧主義さんは大きな目標に一気に取り組もうとしがちなので、まずは無理のない予算立てや貯金額を目標に、少しずつ積み上げることを意識しましょう。**「小銭貯金」**や**「余り貯金」**（毎月の余ったお金を貯金）がおすすめです。予算立ても、交際費は1万から1万5000円以内など、**幅を持たせて管理**してみましょう。

マイルールを決めた上で簡単・単純な家計管理法にチャレンジする、というのも合っていると思います。たとえば、家計簿の内訳項目を5つ以内に絞り、浪費が多い項目のみ詳細に家計簿をつけるといいでしょう。食費にお金がかかっているなら、自炊、外食、コンビニ、と細かく決める一方、それ以外の日用品、交際費などはざっくり記入するなど、工夫をしてみてください。完璧を求めるあまりに行動を止めることなく、「小さな成功」を積み重ねることを意識すると、長期的に安定した資産形成を進められるはずです。

八方美人（愛想よく振る舞う）タイプ

八方美人（愛想よく振る舞う）タイプの方は、自分がどう思うかより、周りにどう思われるかが気になってしまうタイプ。それがモチベーションになって物事をそつなくこなせる人が多いのですが、自分の意見に自信が持てなくなってしまったり、自分の意見よりも他人の意見を優先してしまったりすることもありますよね。自分の気持ちを尊重して、無理なく取り組んでいけるお金との付き合い方を、本書を通じて学んでいってほしいです。

八方美人タイプは、お金を**「貯める」**ことが得意です。しかしそのお金を、周りに合わせて行きたくない飲み会やカフェに使ったり、周囲へのプレゼントや推し活など、人にかけたりしがちです。

まずは自分にお金をかけ、自分を大切にする時間をたくさん作り、自分を磨くことから始めましょう。他人の期待に応えすぎないために、**自分の目標に関連する支出と、そうでない支出を区別し、優先順位をつける**ことも大切です。自分にとって、今の人間関係や属しているコミュニティは投資になる？　将来につながる？　居心地がいい？　と問いかけ、絞っていくことで、時間やお金の節約になると思います。

自分のよさを思いつくままに書き出して、自分のことを認められるようになると自己肯定感が上がっていきます。自分の意見にも自信が持てるようになります。

怖がり（失敗が怖い）タイプ

怖がり（失敗が怖い）タイプは、将来のリスクを考えて行動できる、堅実な方だと思います。将来いくらかかるのか、万が一のことが起きたらお金が足りないかもしれないなど、お金の不安は漠然としていて不透明であることが多いと思います。確実にこうしておけばいいといった正解がないのも、不安要素の一つですよね。

だからこそ本書は、そんなあなたに、リスクに対して備えながら、お金の不安と向き合うコツをたくさん紹介していきます。

怖がりタイプは、お金を**「貯める」**ことが得意です。言い換えれば「失敗しないこと」が得意なあなたは、まずは一歩前に踏み出すために、**人生計画やマネープランをしっかり作る**ことで、自分のお金の不安を具体的にして、今からいくら貯めることができるのか明確にしていきましょう。予期せぬ支出に備えた**「生活防衛費」も人より多く用意**するのがおすすめです。投資については、安定的で堅実な投資を選ぶと安心できます。たとえば、インデックスファンドのようなリスクが少ない方法から始め、慣れてきたら少しずつリスク許容度を広げると、不安を感じにくいです。

失敗したくない気持ちが強いのも分かりますが、これまでの人生を振り返った時「これは絶対にうまくいく」と思って始めたことばかりではないはずです。結果的にうまくいったことや、失敗しても、その都度やり直しをしつつ、成功してきたことだってあると思います。お金においても「失敗したとしても、お金がゼロになるわけでもないし、またやり直すこともできる。なんとかなる！」と一歩を踏み出していきましょう。

移り気（気分屋）タイプ

移り気（気分屋）タイプの方は、いろいろなことに興味を持てるという好奇心の強さが長所です。その特性を生かして、この本も興味のある章や項目から気楽に読み進めていってくださいね。

移り気タイプは、お金を「**増やす**」ことが得意です。お金を増やすには「投資」をすることが一番の早道なのですが、効果的な投資をするためには、いろいろな投資商品の特徴や組み合わせを知ることが大切です。投資の世界には、常に新しいトレンドや市場の変化があります。フットワークの軽い気分屋さんは、状況に応じて柔軟に対応でき、成長しそうな分野にすぐ飛び込めるので、投資はまさにぴったりな分野だといえそうです。

気分屋さんは、いろいろなことを楽しむプロでもあると思います。そんなあなたには、お金をなるべく使わないような楽しみを見つける工夫や、いろいろな家計管理術を試して、組み合わせてみる、感覚的に好きと思える方法を取り入れてみるなど、**「ゲーム感覚」**の方向が合っているかもしれません。ゲーム感覚でお金が貯められる、「ｆｉｎｂｅｅ」などの貯金アプリも活用してみましょう。他にも、やりたいことを書き出して、その目標に向かって貯めていくと、モチベーションを保ちながら貯金することができます。

優柔不断（先延ばし）タイプ

優柔不断（先延ばし）タイプの方は、あれもこれもやらなきゃ……と思っているのになかなか手をつけられず、気がつくと大して見たくもないＳＮＳや動画で時間をつぶしてしまっているのでは？　そんなあなたが、きっと面倒くさくて後回しにしていたであろうお金の勉強をしようと思い、本書を開いてくださったことを嬉しく思います。本書には、お金についての学びを最後までやり通すための工夫がちりばめられているので、安心して読み進めていってください。

優柔不断タイプは、お金を**「貯める」**ことが得意です。決断するのが苦手なため、物を買う際に慎重になりやすいからです。また、一度貯める仕組みを作れば、それを変えることが面倒に感じるため、貯金を習慣化しやすいことも理由として挙げられます。貯金でお金の基盤を作った上で、「稼ぐ」と「増やす」にも取り組んでいきましょう。

貯金では、お給料から天引きで貯金する**「先取り貯金」**や、一度行えば効果が持続する**固定費の見直し**、アプリで家計簿をつけるなどの**自動でお金が貯まる「仕組み作り」**がおすすめです。銀行口座の整理ができたら好きなアニメを観るなど、「〇〇したら楽しむ」といったマイルールを作るのもいいですね。その他、「やりたいことリスト」を作る、周りの人に約束したり、宣言したりして有言実行する、浪費してしまう人はシンプルな現金主義に切り替える、タスクを細分化して少しずつ取り組む、考える前にとりあえず始めてみる、など、すぐ行動に移せるようにする工夫を取り入れてみましょう。

優等生（結果重視）タイプ

優等生（結果重視）タイプの方は、向上心や責任感が強いために、成果に対して努力を惜しまない性格ですが、結果を周りと比べてしまうことが多いです。たとえば友人の貯金額と比べてしまったり、同僚の昇進や収入と比較したりして、落ち込むこともあるのではないでしょうか。そんなあなたは、本書より、人と比較せずに、自分の目標に向かって着実に貯めていくための学びを得てくださると、私は確信しています。

優等生タイプは、お金を**「稼ぐ」**ことが得意です。お仕事の手を抜くことなく、立場や肩書を得ればそれに見合った働きをする努力は惜しまないでしょう。まずは収入アップに取り組んでいただいて、その自分を律する力と能力を「貯める」と「増やす」にも生かしていってほしいと思います。目標を「○歳までに○万円」と具体的に決めて、先取り貯金で計画的に貯めていきましょう。毎月「総資産リスト」をつけることで、お金が積み上がっていくのを確認するのも効果的です。

とはいえ人生は長いので、たまにはお金のことで思うようにならないこともあるでしょう。そんな時に落ち込まないように、頑張っていることが目に見える仕組みを作っていけたらいいですね。そのためにはまず、**「できたことリスト」を作る**ことをおすすめします。たとえば「できたこと：家計簿を毎日つけることができた。工夫：どうやったら家計簿を続けることができるかいろいろな方法を試行錯誤した」というように日々記していくことで、過程にも目を向けられるようになり、達成感を得やすくなると思います。

理屈屋（効率重視）タイプ

理屈屋（効率重視）タイプの方は、事実やデータを重視して、分析したり効率的に物事を進めたりすることが得意だと思います。一方で、柔軟性に欠けていて、考えていた理論通りにいかなかった時にストレスを感じてしまうかもしれません。

理屈屋タイプは、お金を「**増やす**」ことが得意です。本書では効果的な投資のやり方を分かりやすくご説明していますので、今をときめく「新ＮＩＳＡ」や「ｉＤｅＣｏ」などの優遇制度を存分に使って、まずはお金を増やす仕組みをしっかり作っていきましょう。また、企業の経済状況などのデータをもとに、分析して**株式投資**するのも得意なはずなので、効率的に資産を増やしていくことができるでしょう。

ただ、完璧にやってもうまくいかない時もあるのが投資です。相場の悪い時期を耐え忍ぶためには、「稼ぐ」「貯める」も頑張っていきたいもの。詳細な家計分析やライフシミュレーションをしたり、銀行口座やクレジットカードと連携できる家計簿アプリを使ったりするといいです。キャッシュレス決済をフル活用してポイントを最大限獲得できるよう、工夫するのもおすすめです。

ケース別！ 暮らし方・働き方によって異なるお金との付き合い方

お金との付き合い方は「暮らし方」でこう変わる

お金との付き合い方は、ご自分の性格以外に、暮らし方や働き方によっても変わります。**実家暮らしの方は、特に「貯める」と「稼ぐ」に取り組みやすい環境です。**家賃や水道光熱費などの生活費がかからない分、積極的に貯めていける時期です。家事の負担が軽い分、時間も取りやすいと思いますので、収入アップに向けた取り組みも行っていきましょう。貯めたお金を自己投資にあてて、さらなる収入アップにつなげられたら最高ですね。

1人暮らしの方も、「貯める」と「稼ぐ」を頑張りたいタイミングです。生活費の負担が大きい分、実家暮らしの方と比べて貯金を増やしにくい面はあるかもしれません。その一方で、家計管理や節約のスキルを身につけるチャンスがある点は大きなメリットであり、しっかり身につければ一生モノの生活力になります。今の時期に自炊グセがついていると、将来結婚し、子どもができた時にも、生活費を抑えやすいです。家族のことに取られる時間がないので、今のうちに収入アップのための取り組みができるといいですね。

同棲をしている方、またはルームシェアで生活されている方は、「貯める」と「増やす」にぴったりな時期です。生活費が折半できるので負担が小さくなり、その分を貯金に回すことができます。早めに家計管理法を確立して、特に同棲をされている方は2人で守るルールを取り決めて、お金を着実に貯めていきましょう。将来を見据えて同棲している場合は、2人の将来のためにお金を増やす段取りをつけておくのも素敵ですね！

結婚をして2人で生活している方も、「貯める」と「増やす」を2人で協力して行っていただきたいです。数十年に及ぶであろう2人の将来を、ライフプラン表を作って一緒に見通していきましょう。その上で、お金を増やす努力も一緒にしていけたら、夫婦の仲もより深まっていくと思います。結婚式や引っ越し、新婚旅行など、短期間に次々とお金が出ていく時期でもあるので、まずはお金を貯めることを優先していきましょう。

お子さんが生まれた方は、特にお金を「増やす」ことに注力していただきたい時期です。その先には、お金を「守る」ことも大切になってきます。「人生の三大資金」といわれる、子どもの教育資金、住宅購入資金、老後資金を確保するために、効率的にお金を増やす段取りをつけましょう。自分や配偶者に万が一のことがあった時に、家族が問題なくその後の人生を送っていくための「守る力」は、保険や公的制度を知ることで身につけることができます。

「働き方」とお金の付き合い方

フリーターやパート、アルバイトといった、比較的安定度の低い働き方（正社員でも安定といえるような世の中ではないのですが……）をされている方は、自分の身を守るために、**社会保険（健康保険、年金保険、雇用保険、労災保険）と税金における「扶養」の知識**をつけましょう。同時に、家計管理を行ってお金を貯めることが大切です。クレジットカードなどのポイントもしっかり貯めて、生活のムダを省きましょう。

正社員のほか、派遣社員、契約社員も含めた「被雇用者」、つまりお勤めの方は、**勤務**

先の福利厚生や退職金、社会保険などの制度について知っておくことが大切です。利用できるもの、受け取れるものを忘れないよう、一緒に学んでいきましょう。また、ライフプラン表を作成し、それに基づいた投資やスキルアップを行って資産を着実に増やしていきたいものです。生活防衛ももちろん大事ですが、保険のかけすぎには注意しましょう。

個人事業主（フリーランス）や、副業でお勤め先以外にも収入を得ている方は、**確定申告や税金の基本的な知識**を身につけましょう。経費や控除をしっかり使って、節税に努めることが大切です。少子高齢化が進んで今後の社会保障が縮小していく可能性もあるので、年金や民間保険について理解を深め、必要に応じてｉＤｅＣｏや国民年金基金を活用して、年金を作っていくことも考えましょう。

仕事をされていない方や、専業主婦・主夫の方は、固定費・変動費の削減などの**家計管理スキル**を身につけることから始めてみましょう。ポイ活や、フリマの活用で、副収入を得るのもよいでしょう。家計のために、ライフイベントごとのマネープランを立てられるようになること、社会保険・税金の扶養の知識を身につけておくことをおすすめします。

SNSフォロワー16万人&講座受講生から聞いた「よくあるお悩み」

私が運営している講座の受講生や、SNSを見てくださる方々からも、日々いろいろな相談を受けます。その中でよく相談される悩みを集約した、4パターンのアドバイス例を紹介します。

パターン1：教育資金の作り方【33歳・怖がりタイプ】

● 状況

夫婦と0歳の子ども1人で家は賃貸、仕事は育休中。世帯年収は500万円で貯金は700万円、投資はNISA口座で40万円、変額保険を100万円保有。

● 悩み

教育資金を貯めていきたいけれど、どのように貯めていけばいいか分かりません。毎月ちゃんと貯金はできていますが、このままで目標額が貯まるか漠然とした不安があります。

●アドバイス

世帯での資産が840万円ということで、着実に貯金ができていて、家計管理がとてもすばらしいご夫婦とお見受けします。それでも漠然とした不安をぬぐえないのは、おそらく慎重な性格からで、「万が一の事態」を考えたり、予想外の出費に備えようとしたりするため、具体的な計画を立てても「これで本当に大丈夫だろうか？」という不安が残りがちです。それが計画的にお金を貯められている状況にもつながっていると思います。将来のためには投資が必要だと頭では分かっていても、投資のリスクや不確実性を心配して、不安が重なっているのではないでしょうか。

このご夫婦には、将来の**ライフプランとマネープラン**を立てていただきたいと思います。備えたいリスクに対してどのくらいの準備が必要かを可視化し、将来に必要なお金に対して、今の貯金ペースでいくとどうなるのか、今からいくら貯めないといけないのかを逆算すると、少しずつ安心感を得られるようになります。子どもの教育資金は債券などの安定的な商品で確保しながら、老後資金はＮＩＳＡやｉＤｅＣｏ口座を利用したつみたて投資で用意するとよいでしょう。

パターン2：投資の始め方、貯金苦からの脱し方【28歳・優等生タイプ】

●状況

家は賃貸で来年結婚予定。年収は400万円で貯金は400万円。

●悩み

NISA口座を利用した投資など、お金を増やし始めたいのですが、投資をするならいくらから始めたらよいか分かりません。お金を使う時に罪悪感があり、周りがどれくらい貯めているのかも気になります。

●アドバイス

2019年全国家計構造調査によると、30歳未満・単身女性の平均貯蓄額は187万円です。28歳独身で貯金400万円は、かなり堅実な家計管理をされているほうだと思います。それでもお金を使う時に罪悪感を覚えるというのは、SNSなどの偏った情報と比べて、自分が劣っていると誤解されているのかもしれません。だから投資を始めたいという気持ちも強いのでしょう。

投資を始めるには、次の式に当てはめて投資額を計算します。

投資額＝貯金額－（生活防衛費＋直近1～3年以内で現金を使いそうな予定）

投資の初心者で投資に対して不安がある場合は、**自分にとって無理のない少額からつみたて投資を始めましょう。**投資のリスクに慣れてきたら、少しずつ金額を増やしていくといいと思います。これと並行して、お金を貯める目的をはっきり意識して、それを達成するために逆算していきます。たとえば10年後に５００万円を貯めてマンションの頭金にするという目標を決めた時、５００万円÷10年＝年間50万円となります。投資を活用すればもっと少なくなるでしょう。将来のための必要な貯金額や投資額が分かれば、それ以上のお金は罪悪感を切り離して、生活の充実や楽しみのために使ってもいいお金になります。

人と安易に比べないようにすることも大切です。たとえばＳＮＳでよく見る「○歳で○万円貯金」というような発信を参考にするのはいいですが、その人と比べて自分が劣っていると思う必要はありません。住む地域が違えばお給料の水準が違いますし、お金に対する価値観も人それぞれです。生まれ育った環境が違えば、お金を貯める目的だって違います。周りと比べるよりも、今の自分ができることを一つずつこなしていけば十分です。

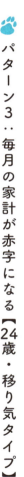

パターン3：毎月の家計が赤字になる【24歳・移り気タイプ】

・状況

独身、実家暮らし。年収は350万円、貯金は10万円未満。

・悩み

家計簿をつけていても振り返り方が分かりません。趣味や欲しい物が多く、貯金が苦手で赤字家計になっていて、貯金がほぼない状態です。知り合いに紹介されて毎月2万円の変額個人年金保険をかけているけれど、これは本当に必要なのだろうか？　と悩み中です。

・アドバイス

家計が赤字になっているのはとても不安だと思います。自分の何を見直せばいいのか分からず、お金について自信がない状態になっているかもしれません。

大事なのは、**まず赤字家計から脱却すること**です。使っていない銀行口座やクレジットカードは解約して、**毎月のお金の流れを分かりやすくすること**から手をつけましょう。その上で、引き続き**家計簿**をつけていただきたいです。家計簿を振り返る時に、お金を使ったものを○（**満足**）、△（**少し後悔**）、×（**後悔**）に分けましょう。たとえば洋服だと、何度も着ているなら○、一度着てすぐにほつれたら△、全く着ていない場合は×ということになります。そして、△や×を次から減らすための具体的な改善策を考えていきます。浪費してしまった日の共通点を考えることもおすすめです。たとえば、夜のネットショッピングが多い、土曜日にコンビニへ行っている、などです。お金が貯まったらやりたいことをリスト化し、そのために、ゲーム感覚でお金を貯めてみたり、かわいい家計簿を使ったり、楽しく貯金ができる仕組み作りをしてみましょう。

保険はリスクを補うために加入するものです。

自分が働けなくなった時に必要なお金－社会保障でもらえるお金＋貯金＝足りない金額

この足りない金額を保険が補填《ほてん》します。ただし、老後など、将来に向けて備える保険は手数料が高めになっていることが多いため、ＮＩＳＡやｉＤｅＣｏなどを活用して、ご自身で貯めていくほうが効率がいいです。

パターン4：夫婦でお金を管理する方法【30歳・八方美人タイプ】

●状況

年収は500万円で貯金は200万円、投資はNISA口座で200万円。個人事業主。

●悩み

旦那さんとお金の話ができておらず、夫婦2人で暮らしている場合のお金の管理法が分かりません。NISAに月3333円（年間40万円÷12カ月）積み立てているのですが、投資信託の商品選びが合っているのか心配です。

●アドバイス

夫婦で生活をしていると、お金の使い道が自分のための場合と、2人のための場合で曖昧《あいまい》になることが多いです。相手に言いづらかったり、夫婦間で価値観が合わなかったり、お互いの貯金額を把握しづらかったりしますよね。

夫婦でのお金管理は「**完全共通財布**」といって、1つの口座で2人の収入や支出を管理する方法が一番貯まります。お金の流れを把握しやすいので、確実に貯金ができますが、自分の収入を自分で使う感覚ではなく、各々がお小遣い制となるため、自由なお金が減り、ストレスがたまりやすいというデメリットがあります。

将来を見据えてお金を貯めていくには、夫婦の2人の将来ビジョンが一致していることは必須となるので、機会を作って話し合いをしていくことをおすすめします。

それが難しい場合には、まずはご自身でお金の成功体験を作り、それを少しずつ配偶者へ共有して、興味を持ってもらうように仕向けましょう。

たとえば**保険の見直し**が一番有効です。まずはご自身の分を見直すことで、お金を浮かせましょう。それを共有し、配偶者の分も見直せたら、スムーズにお金の話ができるようになったり、節約や投資について前向きに捉えてくれたりするようになります。

お金の管理は片方に任せるのではなく、当事者意識を持つことが必要です。今後にかかるお金や現状を把握して、片方に負担がかかりすぎることのないように注意しましょう。

投資信託は、説明書にあたる「目論見書」に目を通し、自分が保有する商品について理解することが大切です。その上で、運用手数料や運用成績を類似商品やランキングに載っている商品と比較して、劣っていないかどうかを確認しましょう。明確に差があったら、買い替えを検討します。

個人事業主は厚生年金がなく、将来の年金が少ない点がネックです。**iDeCoや国民年金基金を利用した年金作り**も考えていきましょう。

COLUMN 1

受講生やフォロワーさんとの印象的なエピソード

受講生のＡさんが、「自分は何か一つ失敗したら、『もう私には無理だ、できない』と思ってしまう」と告白してくれました。子どもの頃にテストでいい成績を取ってもお母さんに当たり前だと褒められなかった経験から自分を責めることが多く、物事に前向きに挑戦するのが難しくなったそうです。本当はお母さんに褒めてもらいたかったと仰っていたので、「もし褒められていたら今の自分はどうなっていたでしょうか」と尋ねました。するとＡさんは、「チャレンジすることのハードルが下がり、ポジティブに切り替えられるようになる」とお答えくださいました。

そこで、今後失敗した際には、そのチャレンジに対して自分を褒めるようにしましょうとお伝えしました。また、結果だけでなく過程にも注目できるように、家計簿をつけて日々の工夫や努力に○をつける方法を提案し、ハードルの低い目標を設定して、小さな成功体験を増やすこともおすすめしました。

現在、彼女は私と一緒に頑張ってくれていて、とても前向きにお金と向き合うことができています。

思い出深いエピソードはまだまだあります。２年くらい前、フォロワーさんから、「借金がある彼氏にお金を貸していて、別れるかどうか悩んでいる」というＤＭが私の元に届きました。親身になってやり取りをして、結果、「今から別れてきます」という話になりました。

その方から最近またＤＭがあり、彼とは別れることになったけれど、相談をしたことで自分の家計管理を見直すきっかけになり、自分に自信が持てるようになったと言うのです。今はいい人と出会って結婚することになったそうで、自分のことのように嬉しいお話でした。

Chapter

2

「これからどうなりたい？」を考えよう

自分の性格を知った後は、
どうしたらいいですか？
目標を決めて、
自分の人生を夢いっぱいに
思い描いてみましょう！
お金のことはその後です

「目標設定」から始める人生計画

「目的」と「目標」を見定める

これから人生のお金のことを一緒に考えていくのですが、ただお金を貯めよう、増やそうとばかり考えてもうまくいきません。大切なのは、**自分は「何のために」「どのくらいの金額」が必要なのかを明確にすること**です。

学生の頃、「試験がないと勉強をしない」なんてことはありませんでしたか？　それと同じで、**お金を増やす目的が漠然としていると、お金の勉強や対策をするモチベーションを維持するのは難しい**ですよね。

やる気を出すためだけではなく、**目的によって、お金の作り方は異なります**。たとえば、来月の旅行費用と老後資金では、必要な時期も、金額も違うことがイメージできるのではないでしょうか。目的を曖昧にしたままスタートすると、達成するためのやり方も曖昧になり、試行錯誤することになります。自分がやっている方法が正しいのか間違っているのか判断できないと、続けていくのは心が折れると思いませんか？

ですから、次のように具体的に設定することで、効率がよくなります。

- **何のために（たとえば、教育資金なのか、老後資金なのか）？**
- **いつまでに（たとえば、10年以内なのか、65歳までなのか）？**
- **どんなふうに（投資の場合は「どんな商品で」）？**
- **どうやって（たとえば、一括なのか、毎月3万円なのか）？**

そして、同じ「試験」でも、赤点を取らないようにするための勉強と、満点を取るための勉強では、やり方が全く違ったのではないでしょうか。**具体的にいくら必要なのか、現状からどれだけ増やしたいのか、細かく目標を立てることで、具体的な動き方が見えてきます。**

最終的なゴールである「目的」と具体的な行動を示す「目標」。この2つが決まっていれば、何を考えるにも「目的」からそれていないかが基準になって分かりやすく、行動するにも「目標」に対して自分がどの位置にいるのかという軸で考えられるのです。

そこで、この章では「目的」と「目標」を把握した上で、それを人生計画にあたる「ライフプラン」に落とし込んでいきます。ライフプランができたら、それをベースに資産とお給料の見直しと、年間収支チェックまでやっていきましょう。すべて終わった時には、お金を稼ぐ、使う、貯める、増やすという一連の行動について、しっかりとした方針を持てているはずです！

というわけで、まずは自分の「目的」と「目標」を考えることから始めていきましょう。

お金を貯めなければいけない「理由」って？

ここで、改めて質問です。**お金ってどうして貯めなければいけないのでしょうか？**

本書を買ってくださったあなたには、きっとお金を貯めたい理由や目的があると思います。それがはっきりしていれば申し分ないですが、なんとなく不安だから、みんながしているからというふうに、漠然と思っている人は少なくないのです。

まず心に留めてほしいのは、**お金はあくまでも、夢を叶えるための「道具」**だということです。今の自分が本当の意味で幸せになるため、または理想の自分になるためにお金を使うことが大事で、一時的な幸せを得るためのお金の使い方ばかりしていると、いつかお金を使うことに罪悪感を覚えるようになってしまいます。

たとえば、むしゃくしゃしたからと食べたくもないお菓子を衝動買いして食べてしまったり、クローゼットはもういっぱいなのに、ストレス発散のために洋服を買ったりして、後悔することもありますよね。

そうやって「今」のためだけにお金を使って、将来使うお金が貯まらないと不安になります。逆に「将来のために貯めなければ」とひたすら我慢ばかりして、「なんでこんなにお金があるのに、今の自分は幸せじゃないんだろう」と、ぽっかりと心に穴が空いたようになるのもよくありません。大事なのは、自分の「今」と「未来」にとってバランスよく、意味のあるお金の使い方をすることです。

そのために、まず「I am」で考案した、「目標設定シート」を使って、自分にとってのお金を貯める「意味」を洗い出していきましょう。

人生における優先順位と叶えたいライフイベントを考えよう

「目標設定シート」で記入してほしいのは、大きく分けて4つの項目です。

まずは、**人生における優先順位**です。たとえば「自己投資をし続けたい」「年に1回は海外旅行をしたい」など、今のあなたが大事にしている価値観や達成したいことを書き出してみましょう。その後、**人生で達成したいイベント、将来の住まい、働き方**について、いつ、どうなっていたいかを思い描いてみてください。このタイミングでは、「現実的に難しいかも……」などと悩む必要はありません。自由に、夢のままに挙げてみましょう。

シートを埋めるにあたってのコツ」をお伝えします。

最初に、自分がやりたいことやなりたい将来像について、大きいことから小さいことまで、とにかく書き出してみましょう。抱えている「悩み」も、考えるためのヒントになるはずです。悩みが解決した自分はどんな状態になるのかを想像して、そこに向かうためにやることを考えてみるのも効果的です。

たとえば、「うまく貯金ができない」という悩みであれば、貯金ができた自分はどんな状態だろうと考えてみてください。美容にお金をかけている、両親に親孝行できる自分、という答えもあるかもしれないですね。そういった望みを記入していきましょう。

このように、**自分の望みを全部目の前に並べて、その中で優先順位と、時間的な順番をつけていきます**。きっと「これいらないな」と思うことも出てくるでしょう。焦らず時間をかけてやり抜き、「目標設定シート」を埋めてみてください。

目標を持つこと自体がプレッシャーになり、達成できなかった自分を想像してしまう方や、そもそも、そんなにやりたいことがないという場合には、**「こうなりたくはない」という最悪な状況を具体的に想像**してみてください。たとえば、お金がなくて病院に行けない、などです。それを避けることを人生の目標にするのも、一つの立派な方法です。

他の人がやりたいことに溢れて充実しているように見えても、自分と比べる必要はありません。自分なりのベストを目指し、不満のない人生を送ることを目標にすることも、とても有意義だと私は思います。

将来の住まい

現在	
年後	
年後	

将来の働き方

※結婚している場合は配偶者の額も確認しておきましょう。

現在	夫　職種:　　　　　年収:　　　　万円
	妻　職種:　　　　　年収:　　　　万円
年後	夫　職種:　　　　　年収:　　　　万円
	妻　職種:　　　　　年収:　　　　万円
年後	夫　職種:　　　　　年収:　　　　万円
	妻　職種:　　　　　年収:　　　　万円
年後	夫　職種:　　　　　年収:　　　　万円
	妻　職種:　　　　　年収:　　　　万円
年後	夫　職種:　　　　　年収:　　　　万円
	妻　職種:　　　　　年収:　　　　万円

退職金	夫　　　　　万円
	妻　　　　　万円

目標設定シート

あなたの人生における優先順位と実行したいライフイベントを考えましょう。まずは自由に夢を描いてみてください。将来の住まいは、賃貸か、購入か、どんなエリアの何LDKで、家賃または月々のローンとローンの年数はどのくらいかまで考えられるとベストです！

あなたの人生における優先順位

1	
2	
3	

実行したいライフイベント

1年後	
10年後	
20年後	
30年後	
40年後	

「ライフプラン表」を作ってみよう

自分の人生を「見える化」する

目標が立てられたら、その目標を実現するために必要なお金について考えていきます。具体的には、立てた目標を長い人生の時間軸に落とし込む「ライフプラン表」を作成します。そして、その表に基づいて、どのようにお金を稼いだり、使ったり、貯めたり、増やしたりするかを考えていきます。

ライフプラン表とは、未来に向けて安心して生活するための道しるべです。現在から老後までの数十年について、子どもの教育費、住宅の購入、老後の資金など、必要なお金を書き出すことで、人生の計画が「見える化」します。

ライフプラン表を作ることは、自分が大事にしているお金の価値観や、理想の生活を考えることにもつながります。それらを実現するためにどのくらいのお金が必要かを整理することで、どうすれば達成できるか道順が見えやすくなり、不安も減らせます。

受講生の方々にも、「この年にプロポーズされる予定」「この年から同棲」というふうに、仮に決まっていない未来であっても、想定してライフプラン表を作ってもらいます。子どもの塾通いや夫の転職、子どもが大学を卒業したタイミングで海外に家族旅行をしたいと書かれた方もいました。美容整形を考えている方が、美容リストを作って年ごとに記載したこともありました。

ライフプラン表を埋めていく時に、助けになるポイントをお伝えしていきます。

まず、「ライフデザイン」という言葉があります。**自分が望む働き方や暮らし方を、具体的に考えていくことです。**仕事は必ず定時で上がりたい、などといった希望や、子育てや配偶者のサポートにどの程度コミットするかといった家庭のこと、どこに住むか、両親や友人、地域や趣味などのコミュニティとの関係など、あらゆることを含めて自分の人生を想像して、デザインしてみましょう。

そして、このような人生の節目になる出来事が**「ライフイベント」**です。仕事関連では、就職や副業開始、転職、退職、独立、プライベートでは結婚、出産、住宅購入、移住などがあります。自己投資では留学やスクール通い、習い事などもあるでしょう。

「ライフプラン」は、ライフデザインに基づくライフイベントを取りまとめた、具体的な計画です。ゆるりと楽しく人生マイペースにいきたい、あるいは仕事で成功者になりたいといった価値観を、時系列に沿って具現化するものになるでしょう。

ライフプランを考える「4つの軸」って？

次の「4つの軸」を切り口に、自分のライフプランを考えてみましょう。

- **愛：配偶者や子ども、親、親族、好きな人や友人との関わり**
- **仕事：出世や副業、転職、パート、ワークライフバランスなど**
- **学習：習い事や資格取得、自己投資になる経験やセミナー、読書など**
- **余暇：趣味や旅行、運動、ペット、推し活など**

愛とは、家族や人間関係に関することです。たとえば、「家族と定期的に旅行や食事をする」「交友関係を広げるためにイベントに参加する。数年後はその中で気の合う人とさらに深い信頼関係を築く」などが例となります。受講生から聞いたお話で最近印象的だったのが、「お母さんがしてくれたことを自分の子どもにもしてあげたい」という願いです。

それが手厚い教育なのか、幼児期にしっかり愛情をかけることなのか。お母さんがしてくれた行動と、そこに込められた愛情を振り返り、自分の子どもに対してどんなふうに実現できるのかを、一緒に深く掘り下げたことがありました。

仕事は、今後のキャリアや職業の軸で、「キャリアアップのために5年以内に資格取得や昇進を目指す」「ワークライフバランスが保てる環境を重視する」などがあります。学習については、これから勉強してみたいことを挙げてもらう場合も、逆に今勉強でいっぱいいっぱいなので減らしたいという場合もあります。独学でやるか習いに行くか、どんな資格を取って転職につなげるか、まで書く方もいました。

余暇では、趣味やリフレッシュの時間について考えていきましょう。やりたいと思っていることはお金がかかりすぎてできないという場合もあります。そんな時は、その体験の意味を一緒に考えます。たとえば海外旅行で非日常体験をしたいのなら、同じような体験を国内でできないか、というふうに考えていきます。

余暇の中で少し工夫が必要なのが推し活です。推し活は人に尽くす気持ちなので、お金の上限を作れない人が多いです。ですので、自分を犠牲にせず居心地よく推せるやり方を一緒に考えます。たとえば推しの認知を求めている方に対して、「推し活を頑張りすぎて、ボロボロになった自分を認知されるのは悲しいですよね?」というお話をすることも。

「認知されることが第一なら、ライブや握手会に行く価値はあるけどグッズはそんなに必要ないかも？」などと知恵を絞っていきます。このように優先順位をつけてライフプランを組み立てることで、推し活を楽しみながら、月に10万円以上浮かせた講座生もいます。

大事なのは「とにかく具体的に書く」こと

特にやりたいこともない、今を生きるので精いっぱい、という人もいると思います。

この作業は、要は何をモチベーション（動機）にするかという話なので、まずはライフイベントという大きな枠にとらわれず、自分の好きなこと、やりたいことを大小構わず書き出して、ライフプラン表に落とし込んでみましょう。

たとえば、「今とりあえず貯金が10万円あるから、これを100万円にしてみよう」というような、特に意図がない数値目標でもいいでしょう。「2、3年以内に海外旅行をしよう」という程度の、近い将来に叶えられそうな目標でも構いません。

大事なのは**自分の人生を想像して、書き起こした上で客観的に眺めてみること**です。

漠然と「のんびり暮らしたい」「潤いのある生活をしたい」などと思っている方もいま

すよね。そのような抽象的な願いをライフプラン表に落とし込むのは難しいと思います。その場合は、「のんびりってどんな暮らし?」「潤いってどんな状態?」などと深掘りし、もっと具体的にしていきましょう。

実際にライフプラン表に記入する時は、かかる金額まで記入していきます。たとえば引っ越しなら、場所はどこでマンションかアパートか、どんな間取りかと細かく絞り込んで、賃貸情報サイトを見て家賃を割り出します。結婚だったら式に何人呼ぶか、両親の援助はありそうか。海外旅行なら行き先とホテルのグレード、期間まで計画して、費用を調べます。家を購入する場合にも相場を調べます。とにかく具体的に書いていくことが大事です。

ライフプラン表を作る時に受講生からたまに聞くのが、立てたライフプラン通りにいかなかったらどうしよう……という不安です。真面目な人ほど心配になりやすいのですが、**先々の予定が変わるのはむしろ当たり前なこと**と思っていただけたらと思います。**変わったらその都度、リニューアルしていけばそれでいい**のです。

どうしても不安なら、「結婚しているバージョン」「結婚していないバージョン」など、いろいろなパターンを作ってみるのもいいと思います。

私も今の仕事を続けるパターン、転職するパターンなどを作って検討しています。

ライフプラン表

年	家族の構成（年齢）					収入（年間）	生活費（年間）	ライフイベント	かかるお金
	夫	妻	子						

ライフプラン表（記入例）

目標を設定したら、ライフプラン表を埋めていきましょう。大きいお金が必要になるタイミングやその資金などを具体的に洗い出していきます。細かく記入できると、キャッシュフロー（長期的な家計の収支スケジュール）をもとに将来設計をする時に役立ちます。

年	家族の構成（年齢）					収入（年間）	生活費（年間）	ライフイベント	かかるお金
	夫	妻	子	子					
2024	31	30	1			500	420	自動車購入 第一子保育園入園	230 万円
2025	32	31	2	0		430	432	第二子出産	
2026	33	32	3	1		550	450	住宅購入 第二子保育園入園	頭金120万円（例：物件4000万円の3%として）
2027	34	33	4	2		560	450		
2028	35	34	5	3		600	450		
2029	36	35	6	4		610	470	第一子小学校入学	
2030	37	36	7	5		620	470		
2031	38	37	8	6		630	495	第二子小学校入学	
2032	39	38	9	7		640	495		
2033	40	39	10	8		700	500	海外旅行	100 万円（1人 20 万円でお小遣い 20 万円として）
2034	41	40	11	9		710	500		
2035	42	41	12	10		720	520	第一子中学校入学	
2036	43	42	13	11		730	520	自動車購入	250 万円
2037	44	43	14	12		740	530	第二子中学校入学	
2038	45	44	15	13		750	550	第一子高校入学	15万円（例：制服代、カバン代など。公立高校で学費無料として）
2039	46	45	16	14		760	560		
2040	47	46	17	15		770	570	第二子高校入学	15万円（例：制服代、カバン代など。公立高校で学費無料として）
2041	48	47	18	16		780	550	第一子大学入学	180万円（例：入学金30万円、初年度学費など150万円。私立自宅通学として）
2042	49	48	19	17		790	550		
2043	50	49	20	18		830	520	第二子大学入学	180万円（例：入学金30万円、初年度学費など150万円。私立自宅通学として）

知っておきたい「自分の現在地」

「資産管理シート」はお金の出発点！

お金のことを考えるにあたって、自分の現状を知ることはとても大事です。ライフプラン表を作って将来にかかるお金を大まかに見積もった後で、実際に今の自分にはどれだけの資産があるのかを把握していきます。

「資産管理シート」は、現時点での「資産」と「負債」の状況を示したものです。資産とは自分が管理しているお金のことで、預貯金や株式、投資信託などの金融資産のほか、自動車や不動産も含みます。これらも本当に困った時は、売却してお金に変えることができるからです。

負債とは、要は借金のことです。生活や遊びのために、キャッシングやカードローンを

資産管理シート

資産管理シートとは、ある時点での資産と負債の状況を示したものです。資産と負債の差額が、本当の意味での資産といえる「純資産」となります。この「純資産」を確認するためにも、この機会に資産と負債を洗い出してみましょう。

資産

預金	万円
貯蓄型保険	万円
投資信託(NISA)	万円
株式	万円
債券	万円
クラウドファンディング	万円
その他投資	万円
車	万円
住宅(現在の市場価格)	万円
その他固定資産	万円

負債

住宅ローン	万円
自動車ローン	万円
カードローン	万円
奨学金	万円
その他	万円

資産合計	万円

負債合計	万円

資産合計−負債合計=純資産　　万円

利用している人は、負債を抱えているということになります。**住宅ローンや自動車ローンのほか、奨学金も負債に含まれます。**

資産管理シートに書き出した**資産の合計から負債の合計を差し引いた金額が、本当の意味での資産といえる「純資産」**となります。

ライフプラン表と資産管理シートを作成すると、将来必要なお金を計画的に準備するための具体的な「マネープラン」を考えることができるようになります。

「給与明細」は毎月チェック！

資産と負債を洗い出したら、その後に収入もきちんと把握しておきましょう。お勤めの方の場合、収入について知るには給与明細を確認します。

給与明細の欄は勤怠を除くと、大きく**「支給」「控除」「差引」**の3つに分かれています。

支給の欄では**まず基本給を見ます。**基本給は、お給料のベースとなる金額です。**毎月の給料は、基本給＋「手当」−「控除」で計算されます。これが差引支給額（手取り）となります。**

手当は会社によっていろいろありますが、自分の働き方や職位に応じて、「役職手当」

「住宅手当」「家族手当」「通勤手当」「残業手当」「深夜勤務手当」「所定休日出勤手当」などがきちんと支給されているかを確認しましょう。支給されているかどうかだけでなく、会社の規定や残業時間に見合った支給額となっているかなど、少しでも疑問がある時は必ず計算をして確認してください。

控除の欄では、**税金と社会保険料は必ずチェック**します。ポイントは、前月や前年との増減を見ることです。月々では残業手当に応じた程度の変化に留まると思いますが、前年、前々年と比べるとかなり変わっているかもしれません。あるいは、資格を取ったタイミングで手当がつき、税金まで変わっていることもあるでしょう。詳しくはＣｈａｐｔｅｒ６でお伝えします。

社会保険料は毎月同じですが、料率や、残業手当によって収入の水準が大幅に変わると変更になることもあります。支給額に大幅な変更があった方は、控除額も変わっている可能性があるので、きちんと見ておきましょう。

社会保険料は毎月お給料から引かれていますが、社会保険料を納めることで申請できる給付は知識がないと受給することはできません。

また、社会保険の仕組みを知ることで、経済の流れも見えるようになってきます。

給与明細を毎月しっかり見ていくと、会社の仕組みがよく分かります。従業員規定と給与明細を突き合わせると、「規定のこの部分が給与に反映されているから、来年にはこれくらいお給料が増えそうだ」といった予測ができる場合もあるのです。給与増を見込んで貯蓄や資産運用の計画に反映させると、長期間では結果が変わってくる可能性があります。

従業員規定に目を通すと、福利厚生の制度を見落とすこともなくなるので、基本的には得しかありません。使えるものは使って、仕事のやる気をアップさせていきましょう！

「お金の生活習慣病」に要注意！

これからライフプランを実現していくにあたって、貯蓄や資産運用を行っていくことになると思います。ただ、私の受講生でも、きちんと月々のお給料をもらっているのに、なぜかお金が全然残らない……と嘆いている人はとても多いです。

この後の章では節約や貯蓄、資産運用の賢いやり方をお伝えしていきますが、その前に、そもそも余計なお金を使ってしまう「お金の生活習慣病」にかかっていないかを確かめておくことが大事です。チェックシートを用意しましたので、ぜひやってみてください！

お金の生活習慣病チェックシート

不適切な生活習慣が病気を引き起こすように、お金の使い方や考え方はお金を増やす上で何事にも影響します。当てはまるものにチェックをして、いいお金の使い方ができているか確認しましょう。

✓		生活習慣
□	1	コンビニやスーパーでつい余計な物を買ってしまう
□	2	安い時にまとめて買っておく主義
□	3	ストレス解消を言い訳に、衝動買いや飲み会がやめられない
□	4	自分の貯金額、カード決済日、次の支払い金額などを把握していない
□	5	セールをしていたら買わないと損！　と思ってしまう
□	6	「すぐに返すから少しぐらいのキャッシングなら大丈夫」と思ってしまう
□	7	宝くじを買う
□	8	自分へのごほうびが多い
□	9	似たような物を買ってしまう
□	10	家にある生活用品の在庫を把握していない
□	11	毎月の支出を把握していない
□	12	銀行口座の残高を把握していない
□	13	クレカの明細を把握していない
□	14	乗り気じゃない飲み会や食事会に参加している
□	15	見栄を張るためにお金を使っている
□	16	何に税金を払っているのか分からない
□	17	資産形成は預貯金と保険のみ
□	18	投資はギャンブルだと思っている
□	19	リボ払いをしている
□	20	ほとんど使っていないのに、加入しているサブスクがある
□	21	固定費見直しを定期的にしていない
□	22	ATM手数料を頻繁に払っている
□	23	趣味の中でも優先順位が決められない
□	24	お金を使わない日がない
□	25	なんとなくブランド品を買っている
□	26	なんとなくコンビニや100円ショップに立ち寄る
□	27	近距離でもついタクシーを使ってしまう
□	28	ギャンブルをしている

ほとんどが文字通りの内容ですが、必要な項目を少しだけ解説します。

2、5、10は同じような意味があり、**「安物買いの銭失い」につながる可能性**がありま す。「安い時にまとめて買っておく」「セールしていたら買わないと損！」という人は、家の中に物が多くて、片づけられていないことが多いのではないでしょうか。たくさん買いすぎてしまうと、つい気前よくムダに使うようになったり、結局使わない物があったりと、結果的に節約につながらないことがよくあります。特に、家にどれだけストックがあるか確認せず買ってしまう人はこのようになりやすいです。

4、11〜13に当てはまる人は、お金にルーズな傾向があります。**お金との賢い付き合い方は、資産や支出について把握することから始まる**と覚えておきましょう。

8、15、24〜27に当てはまる人は、そもそも**「お金が大事なものである」という感覚が薄い**のかもしれません。「これだけのお金を生み出すには○時間働かなければいけない」といった認識を持ち、ライフプラン表を作って、自分が理想とする人生を実現するにはどれだけのお金がかかるのか、改めて考えてみてほしいです。

チェックが入った項目ごとに特徴はありますが、16〜21個当てはまる人は「お金の生活習慣病・要注意」、22個以上の人は「お金の生活習慣病」といえそうです。一緒に治療して、健康的なお金作りをしていきましょう！

「年間収支シート」でお金の流れを「見える化」しよう

お金に対する価値観が分かったところで活用していただきたいのが、年間の収入と支出の全体像を把握できる「**年間収支シート**」です。お金の流れを可視化できるので、どれだけ稼ぎ、どれだけ使っているか正確に把握できます。

月ごとの支出を見比べることで、何月にどのカテゴリーの支出が増えているのか分かり、ムダな出費や節約のチャンスを発見できます。また、予期せぬ出費や季節ごとの変動に対応しやすくなるのが、このシートの効果です。１年を通して赤字なのか黒字なのかも明確になります。

将来に向けて計画的に貯める出発点になるので、一度作ってみましょう。

毎年の習慣にすることでデータが蓄積し、お金の流れを捉えやすくなります。
先々のライフプランもより正確に見通せるようになりますよ。

7月	8月	9月	10月	11月	12月	合計

1年の手取り収入合計

年間収支シート

全体を通して見ると、使いすぎたものが可視化されて分かりやすいですよね。年間の貯蓄率（%）は、1年の貯金額÷1年の収入合計×100で計算することができ、20〜30%を目指すとGOODです！

	内訳	1月	2月	3月	4月	5月	6月
収入	手取り収入(夫)						
	手取り収入(妻)						
	収入合計						
固定費	住居費						
	水道代						
	電気代						
	携帯代						
	通信費						
	保険料						
	教育費						
	固定費合計						
変動費	食費						
	日用品費						
	洋服代						
	医療費						
	車両費						
	交通費						
	交際費						
	娯楽費						
	変動費合計						
貯蓄合計							
支出合計							

1年の収入合計　　円 － 1年の支出合計　　円 ＝ 年間収支　　円

COLUMN 2

最初は何も分からなくても大丈夫！

私が投資を始めた時のことを少しお話しさせてください。初めは何も分からなくても大丈夫という、安心材料になると思います。

投資を始めたのは、私が新卒１年目で銀行に勤めていた時です。仕事が投資信託のセールスで、お客様に説明するために、貯金と同時に自分でも投資をやってみようと思ったのです。

３年目には、積み立て投資に加え、一括でETFやアメリカ株を中心に個別株も持っていて、投資に130万円以上もつぎ込んでいました。そこに新型コロナウイルス感染症の大流行がやってきます。口座を見ると、一時は含み損でマイナス40万円くらいになっていて……。2008年に起きたリーマンショックで世界の株式が大暴落したことなども、勉強して知ってはいました。でも、実際に自分が大暴落に巻き込まれてみると、まるで実感が違いました。その頃には転職してお給料も減っていましたし、１人暮らしを始めるのに貯金も50万円以上使っていて「このタイミングで⁉」と焦り、とても冷静ではいられませんでした。

後になって振り返ってみると、一度痛い目を見たのはいい薬になりました。金融や経済のことを学び、分散投資をして、堅実に投資していこう！　と、奮い立ったのです。

徐々に投資の手法を整理していきながら、コロナ禍で株価が大きく下がった後の急回復を見て、投資の力を実際に感じることができました。コロナ暴落の間もつみたて投資を続けていたおかげで、今では資産総額800万円を突破するまでになっています。

100年に１回のパニックに直撃されても、正しいやり方を続けていけば、投資は私たちに再び大きなリターンをもたらしてくれると感じた私の体験でした。

Chapter

3

【貯める】家計簿のつけ方から節約術まで大公開

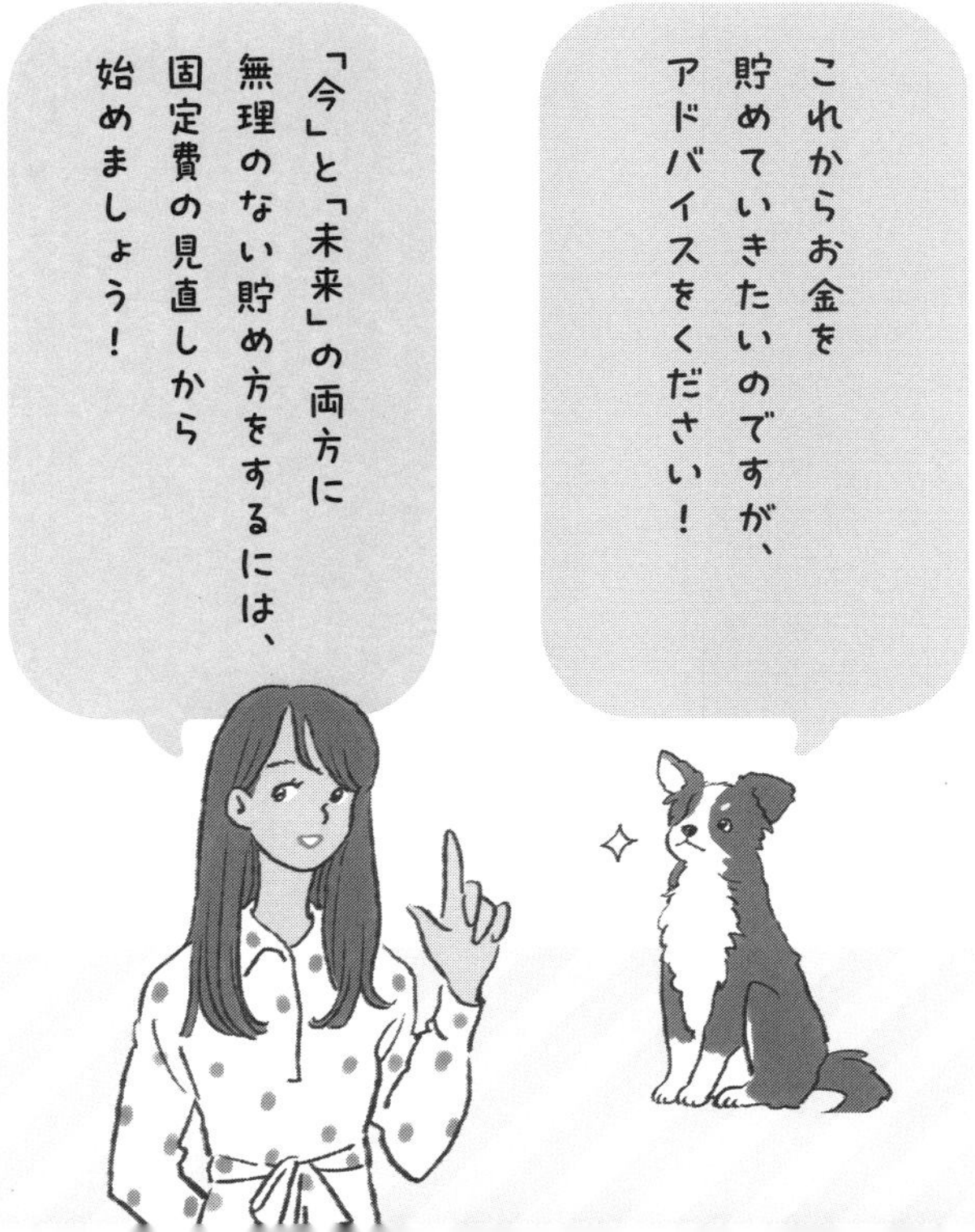

これからお金を貯めていきたいのですが、アドバイスをください！
「今」と「未来」の両方に無理のない貯め方をするには、固定費の見直しから始めましょう！

お金を貯める「準備」をしよう

最初に貯めたい4つの資金

まずは、４つの区分で、貯金をより具体的に考えていきましょう。

①生活資金

日々の生活で使う出費のことです。食費や洋服、娯楽、日用品などに使う資金にあたります。最低でも毎月使う額の１・５倍以上は備えておきましょう。普段20万円使っているなら30万円は確保しておき、一時的に生活費が足りなくなった時はここから出します。後で30万円に戻しておくことを忘れないようにしましょう。

②必要資金

日々の生活の中で毎月一定にかかる出費のことです。家賃、携帯代、車のローンなど決まった支出に使う資金で、最低でも毎月使う額の1・5倍以上は備えておきたいですね。

③緊急資金

急な病気やケガ、災害、大きなお買い物などの出費です。予定していない大きな支出にあたります。緊急資金は「生活防衛資金」とも呼ばれるもので、失業した時に失業給付が出るまでの期間を想定して、3カ月分の生活費をまかなえる程度が目安となります。安心できない場合は、もっと多くしても構いません。

④余裕資金

投資や未来のライフイベントにあてるお金です。①〜③の資金にあてるお金を確保した上で残った、余裕の使い道となります。今すぐ使えなくても問題のないお金と言い換えることもできます。ライフプランに沿った必要金額を目標に、貯めていきましょう。

貯金が全くない人は、最初の目標として、生活資金・必要資金・緊急資金を合わせた**「毎月の生活費3〜6カ月分」**の貯蓄を目標にしてみましょう。

最悪のことが起きたとしても、6カ月間働かなくても大丈夫というのはかなりの安心感がありますし、それだけの貯蓄を達成できたら、お金についての自信もつきます。その時はぜひ、自分をいっぱい褒めてあげてください。

お金の使い道にもよし悪しがあります

お金を貯めるための第1段階として、支出の確認から始めていきましょう。普段の自分が何にどれだけお金を使っているかを把握した上で、家計管理を行って支出ダウンを図っていきます。

家計管理で特に大事なのは「支出割合」を確認することです。家計簿をつけると、自分がどんなことにお金を使っているのかが一目で分かります。

お金の使い道は「消費」「浪費」「投資」の3つに分けることができ、もっとも理想的な「黄金比率」が決まっています。

消費：浪費：投資＝5：3：2

消費は日々の生活費と考えてください。

浪費は暮らしを楽しむためのお金で、外食や趣味、美容、洋服などが当てはまります。

一般的に浪費というと、ムダ遣いのイメージが強いので、悪いことだと思いがちですよね。でも、楽しむためにお金を使うことが悪いわけではありません。ただ、**本当に楽しめたか、ムダ遣いになってしまっていないかは、後から振り返ることが大切です。**

このように、自分の感情や満足度に基づいてお金の使い方を振り返り、その支出が自分にとってどれだけの価値があったか、後悔しない使い方だったかを見つめ直す「**心の会計**」は、お金を賢く使うためにとても重要です。

たとえば美容にかけたお金も、特別な日を迎える準備としてのケアなら、満足度が高く「価値ある支出」と感じられますが、「流行っているから」とか「なんとなく」といった理由での支出は、後から「別のことに使えばよかったかも」と感じることがあるかもしれません。このように「これは自分に自信を与える支出だったか?」と振り返ることが大切です。そうすることで、不要と感じた支出は次回の判断基準にできます。

こうして、自分にとって本当に満足度の高いお金の使い方が見えてくると、浪費が自分を輝かせるための価値ある支出に変わっていくのです。

最後に、**投資は将来のために使うお金**です。預貯金や資産運用に加え、稼ぐ力をつけるための資格取得や勉強用の本といった自己投資、将来のための経験などにあてるお金になります。将来得られる効果を考えて使わないと、ムダ遣いになってしまうことがあります。自己投資の効果を考えるには、その投資が将来、どれだけの金銭的なメリットをもたらすかを想定することが大事です。

たとえば、お金についての専門的な知識を得るために、ＦＰの資格を取得するとします。試験対策講座と受験料に10万円かかりました。これでお金に詳しくなったと自己満足するだけなら、投資効果は10万円のマイナスになってしまいますよね。そこで、勉強して税金の知識で60万円の節税ができたとすれば、投資効果は一挙に50万円のプラスになります。ＦＰの資格を使った副業で月５０００円稼げるようになれば、２年以内に投資の元が取れます。このように、将来のための適切な投資にすることをきちんと想定して、自己投資を行っていきましょう。

予算の決め方は「心に聞く」

家計管理を簡単にするために、**使うお金をいくつかのカテゴリーに分けて、それぞれの予算を決めましょう**。たとえば「食費は月に４万円」と決めて、その中に収まるように気をつけながら生活していきます。ルールがきちんと決まっていたほうが守りやすい人は、「食費」「日用品費」「洋服費」などと細かく改めて予算を割り振っていくといいでしょう。反対に、細かすぎるとストレスがたまる人は、ざっくりと「生活費」として、１カ月に使う金額だけ決めて、その中でやりくりする方法もあります。自分に合った予算の作り方を工夫するのも、心の会計のうちです。

気をつけていただきたいのは、予算を守れなかった時に、あまり自分を責めすぎないことです。完璧主義の人は、予算を守れなかった時に激しく落ち込むことが多いです。それで家計管理に挫折してしまっては非常にもったいないので、自分の性格に合わせてざっくりとした予算にしてもいいと思います。たとえば先取り貯金だけして、残りの金額で1カ月間過ごすというくらいの大まかな予算でも、それでうまくいくなら問題ありません。自分の性格に合った方法を試しながら、ゆっくりとやっていきましょう。

予算を決めておくメリットは、**お金の使い道に優先順位をつけやすくなる**ことです。一度予算を決めてしまえば、それ以上のお金を使おうとする時に自然とブレーキがかかります。「限られたお金の中でやりくりしないと」という意識が生まれ、その結果、自分にとって重要度の低い物事にお金を使わなくなります。これによって、自分にとって何が本当に必要で価値があるのかを見直すことができます。

予算を決める時は、月々の生活ができる範囲で設定するだけではなく、**「将来のための予算取り」という観点も大切**です。何年か先にやりたいことや欲しい物、重要なライフイベントなどがある場合は、それらに必要な金額から今ある貯金を差し引いて、今後いくら準備しなければならないかを計算します。そして、その金額を作るために必要な毎月の貯金額を予算に組み込んでいくことになります。

1週間を振り返って予算を決める

具体的な予算を決めるには、今自分が使っているお金を、カテゴリー別に分類して把握する必要があります。減らせる支出を見直し、貯金額を検討していく第一歩になります。

支出を細かく、正確に知るには家計簿をつけることが一番ですが、まずは**クレジットカードの明細やレシートを確認するだけでもいい**と思います。保存しておいたものを1週間ごとにまとめて振り返り、簡単に記録を取るだけでも、予算を組むための材料としては十分です。

それも難しい場合は、お給料の手取りから先取り貯金を差し引き、使える金額の範囲内で予想を立てて予算を仮決めし、実際に1週間暮らしてみましょう。その結果を4倍すれば、大まかな1カ月の生活費になります。足りない費目と余る費目を突き合わせて調整したり、全体的に余るようなら先取り貯金を増やしてみたりなど、試行錯誤しながら少しずつ決めていきましょう。

「家計管理」で貯金がどんどん増える！

「固定費」削減で無理なく節約

Chapter2で「年間収支シート」に各月の収支を書き込んでもらいましたが、家計管理をする時の、きほんの「き」にあたる重要な考え方として**「固定費」**と**「変動費」**があります。固定費は毎月・毎年など、定期的に支払う必要のあるお金です。家賃や水道光熱費、通信費などが当てはまります。これに対して、変動費は支払うタイミングも金額も決まっていないお金です。食費や交際費、消耗品費など、ある程度自分の気持ち次第で増減が可能なお金の使い道になります。

ということは、これから支出を削ることを考えた場合、変動費のほうが頑張りがききそうだと思われた方がいるかもしれません。しかし、実は、**固定費を削減するほうがずっと**

楽で、効果が大きいのです。**固定費見直しの効果が高い理由は、変動費に比べて節約できる金額が大きく、長続きするのに、ストレスはほぼないこと**。固定費の見直しは、まさにいいことづくめなのです。

まず、**家賃を下げる**のはもっともダメージの少ない固定費削減法です。利便性や住環境に問題のない部屋に、以前より安い家賃で住むことができたら、ノーダメージで月々の支払いを減らすことができますよね。リモートワークの普及をきっかけに、住む場所にとらわれない生活が広まりつつあります。仕事に差し支えることなく、郊外や自然豊かな場所に移って月々の家賃を1万円下げることができれば、むしろ生活満足度をアップさせた上で年間12万円の固定費削減となります。

たとえば更新のタイミングで、自分が住んでいる地域の部屋の相場を調べて、自分の部屋が割高であれば、大家さんに**家賃減額の交渉**をしてみてもいいでしょう。受講生には、職場までの通勤時間が長くなっても、その時間を読書にあてられることを喜んで、遠くに引っ越して家賃を大幅に下げた方もいました。究極は**実家に帰る**ことかもしれません。とはいえ、無理をして住みたいと思えない所に引っ越すことはよくないので、無理のない物件探しをお願いします。

スマホの通信費も、比較的楽に下げることができます。まず大手キャリアはNTTドコモならahamo、auはpovo、ソフトバンクはLINEMOと、各社とも格安プランを用意しています。この3社でスマホを利用している場合、**格安プランに変えるだけでキャリア変更をしなくても通信費を下げることができます。**その他、自社回線を持つ楽天モバイルも格安プランと遜色《そんしょく》ない価格を提供していますし、格安SIMの会社もたくさんあります。格安SIMは通信速度が不安定でキャリアサービスが使えない、初期設定を自分でする必要がある、サポートが大手キャリアには及ばないといったデメリットがあることも考えられますが、スマホの取り扱いに慣れた人なら、料金面のメリットは十分です。

スマホの見直しをする場合は、自分が毎月何GB使っているのか、電話料金はいくらなのか、住んでいる地域や職場は電波が通りやすい所なのかを確認して、自分に合ったプランを選択しましょう。

1カ月の通信量が多い場合はahamoや楽天モバイルがおすすめです。

動画や音楽の配信サービスなどのサブスクは、あまり利用をしていなくても、つい当たり前に支払ってしまいがちです。月々の支払い額が大きくないのと、観たくなった時に観られないのは困るという気持ちが働いて、複数加入している人が少なくありません。

たとえば動画配信サービスの月会費が1000円だとして、DVDは1本レンタルすれば400円程度で済みます。観ている作品が毎月3本未満であれば、レンタルのほうが安いことがあります。マンガや音楽も同じことで、いくつも契約している人は、本当に全部使いこなしているか考えてみてください。

加入しているサブスクをすべて書き出して、もっとお得に自分のニーズを満たせる方法がないかを検討してみましょう。たとえば見たいシリーズ番組があるなら、それがやっている期間だけ契約して、終わったらやめる、というのをこまめに行うだけで、数カ月、数千円の節約になるかもしれません。

このように、月額支払いはちょっとした落とし穴です。定期的に利用頻度を見直して、本当に必要かどうかをしっかり見極めて利用しましょう。

水道光熱費もスマホと同じようにいろいろな会社が参入していて、お得なプランを選ぶことができるようになっています。

電気代の見直しは、自分の生活スタイルに合ったプランを提供している電力会社を選ぶことです。電気料金は「基本料金」と「従量料金」を足したもので、電気を多く使う人は基本料金、あまり使わない人は従量料金の割合が多いプランが合っています。自分が住む地域をカバーしている電力会社のホームページで、料金シミュレーションをすると一番お得な電力会社が分かります。ガス会社も同じやり方で、自分の生活スタイルに合ったプランを選ぶことができます。

「**エネチェンジ**」は、電気やガスの料金を比較できるサイトで、今住んでいる地域での、電気やガスの情報を入力すると、他の会社との比較が簡単にできます。今の会社を何気なく選んだ場合はこちらを使ってみてください！

さらに、**省エネ家電や節水家電に買い換えてみましょう。**性能に優れた商品が多く販売されており、こうした家電を使えば、電気代や水道代を抑えることにもつながります。買い換えの際には、価格だけでなく、省エネラベルや節水の実験結果なども確認しておきましょう。購入時にはコストがかかりますが、長期的に見ると光熱費が下がって、経済的に大きなメリットが得られます。

美容費も「固定費」

一般に固定費に分類されるのはこのくらいですが、私はこれ以外にも、毎月決まった出費になるものは固定費と認識するほうがいいと思っています。たとえば美容院やまつ毛エクステなどの費用は、一般的には変動費に分類されますが、毎月同じ金額を支払っているなら固定費に入れたほうが現実的です。他の固定費と同じように、同じクオリティで価格が安いサロンを見つけられれば、ストレスなく費用削減をすることができます。

固定費はかかるのが当たり前という感覚になるので疑問を持ちにくいのですが、**それがいかに当たり前でないか、もっと安くお得にできるのではないかと疑うことで、削減につなげることができます。**

このように、固定費を見直すことの最大のメリットは、自分の生活スタイルに合った居住環境や料金プランを選ぶことで、**無理なくお金を節約できる**点です。つまり、生活の中で何かを我慢する必要はなく、自然と支出を減らすことができるのです。

変動費は「満足度」で見直す

生活の中で変動費に分類される費目には、食費、交際費、日用品費、交通費、趣味費などがあります。

変動費を見直す時のポイントは2つあります。

①必要のない支出をしていないか
②満足度の低い支出をしていないか

必要のない支出とは、言い換えればムダなお金を支払っているということです。たとえば生鮮食品を特に考えもなく特売だったからとたくさん買い込み、結局腐らせてしまったら、これは明らかにムダな支出ですよね。買ったはいいけれど開封すらしていないコスメ、袖を1回も通していない服などが、しまい込んであったりしませんか？

変動費について受講生の相談を聞く時は、使い切れなかった物、捨ててしまった物、まだ開封していない物を聞いて、どうしてそれらを買ってしまったのか原因を考え、次に同じことが起きないように対策を考えます。まだ使っていないコスメや洋服の金額を計算してもらうと、驚く人は多いです。家にある在庫とその合計額を確認することで、次にドラッグストアやアパレルショップでまたうっかり欲しくなった時に、これは家にあったな……と思い出すことができるようになります。結果、ムダ遣いが減っていくのです。

満足度の低い支出とは、最終的に後悔に終わってしまったお金の使い道をいいます。たとえば外食でいうと、何回も出かけてお金を使っているのに、楽しんだ感覚が持てないことがあったりします。そこで深く考えてみると、本当に外食を楽しみたくて出かけているわけではなく、仕事で疲れすぎていて自炊をする気力がないことが理由ということも。それだと、何度外食をしても、心が本当に満たされることはなさそうですよね。

こういう時は、まず自分がどのくらいの頻度で外食をしていて、毎月いくら使っているのか把握します。その中で、満足できる外食が少ないなと感じたら、それを改善する具体的な策を考えます。たとえば、お弁当屋さんで買って帰れば外食よりは少し節約になるかも？　スーパーに寄れるくらいの体力気力が残っているなら、お総菜でもいいかも？　休みの日に作り置きをしておけば、より健康的でお金がかからないよね。というように、**自分を追い込まずに状況を改善できる方法**を探っていくのです。

変動費のコントロールは、結局は自分との対話になるので難しいのですが、大事なのは「気づき」を積み重ねることです。具体的には、お金の使い道の一つひとつについて満足したかどうかを判定して、反省を積み重ねていきます。するとだんだん、お買い物をする時に、ふと立ち止まることができるようになっていきます。前にこれを買って失敗したことがあったな……と、思い浮かぶようになるのです。

変動費は自分の気持ち一つで増減できるものですが、無理は禁物です。できる範囲で慎重に、無理なく改善を図っていきましょう。

また、先ほど「資産管理シート」で金額を書き出しましたが、**借金がある人は、どこからいくら借りているか、返済方法と金利、支払い完了の期日を一通りリスト化することをおすすめします。**カードローンやキャッシングだけでなく、マイカーローンとか奨学金も含め、すべての借金を並べてみてください。

実際にこれをやってみると、あまりの金利の高さに驚いて、意気消沈する方が多いです。カードローンやキャッシングの金利は最高で20%ですが、中には12%、15%のものもあります。一通り並べてみると比較しやすくなります。意気消沈してしまうかもしれませんが、優先して返済するべき金利の高い借金が一目で分かるのは大きなメリットです。

借金の金利は高いので、借金は避けるに越したことはないということも身にしみて分かります。貯金や資産運用をするにも、まずは借金を返済してからにしましょう。

毎月の家計簿と「給料日ルーティン」

手書きからエクセル、スマホアプリまで選べます

先ほど「年間収支シート」を使って、1カ月の支出について、カテゴリーごとにいくらかかっているのかを洗い出していきました。これを毎月行っていくのが家計簿です。家計簿をつけることによって、月々の支出を知り、お金の使い方を見直すことができます。その結果をもとに、改善策を考え、翌月に生かす、というサイクルを回すことができるようになります。

家計簿のつけ方に入る前に、世の中の一般的な家計がどんなものか、平均値をご案内します。

40歳未満の単身女性の1カ月あたりの平均的な消費支出、つまり使っているお金の内訳

は、住居費、つまり家賃または住宅ローンの返済が約27％、食費が約13％、外食費が約7％となっています。意外にかかっているのが交通・通信費の約12％で、スマホ代が多くを占めていると思います。

世帯主の平均年齢34・5歳の夫婦のみの世帯では、住居費が約15％、食費が約16％、交通・通信費が約14％となっています（「２０１９年全国家計構造調査　家計収支に関する結果」より）。

自分のお金の使い方と比べて、どんな印象を持たれたでしょうか。平均に合わせる必要はありませんが、比べることで、多く使っている出費が見えてくるかもしれません。自己投資、旅行、趣味など、自分がお金をかけたいことと、そうではないことに着目して、自分に合った理想の割合を考えていきましょう。

この先に家計簿シートを用意しましたので、書き方をご案内していきます。シートのコピーを取って使っても構いませんし、ノートを用意して自分が書きやすいように書式をアレンジしてみてもいいでしょう。パソコンに慣れている人は、エクセルで自分なりのワークシートを作ったり、ネットシートを検索して自分に合った家計簿シートをダウンロードしたりするのもいいかもしれません。

ノートやエクセルで家計簿をつける人は、レシートなどをもとに、支出を書き出していきます。書き方は自分のやりやすいようにできますし、できる時に書き込めばいいのでタイミングも自由です。その反面、支出の書き込みや計算を自分でする必要があり、勝手に集計してくれるスマホアプリに比べると手間はかかります。

スマホアプリで家計簿をつける場合は、時間がある時にいつでもお金の出入りを登録できます。銀行口座やクレジットカードと連携することで入力の手間が省けるほか、費目ごとに支出の割合を示したグラフを自動で作成してくれるものもあります。反面、手書きやエクセルの家計簿のように自分が使いやすいようにアレンジすることはできません。そして現金払いは自分で登録する必要があります。

よく使われているスマホアプリには「**シンプル家計簿**」や「**マネーフォワードME**」があります。シンプル家計簿は画面がとても見やすくできていて、使いやすさはトップクラス。レシートを撮影するだけで登録することができます。マネーフォワードMEは銀行口座やクレジットカードと連携できることが特徴で、お金の出入りを自動で記録してくれます。自動化して手間を省きたい人には試してもらいたいです。

支出を評価する「家計簿ルーティン」

私は、家計簿をつける一番のメリットは、自分のお金の使い方について振り返れることだと思っています。やり方はChapter1でも少しお伝えしましたが、**レシートから出費を書き起こす時に、自分にとってプラスになった出費には○をつけて、これは失敗だったという出費には×をつけます。どちらともいえない場合は△です。**×がついた支出については、どうしたら×を減らせるかを考えていきます。

受講生にもこのルーティンをやってもらっていますが、外食に×をつける人が多いです。外食して満足できなかったとか、外食しなくてもいい日になんとなく行ってしまったとか。計画して外食に行く分にはいいのですが、ただ面倒くさくて行った外食は×になることが多いようです。

スーパーで買ったはいいけど、結局使い切れずに腐らせてしまった食料は×です。たった100円の野菜でも腐らせてしまったら、100円をごみ箱に捨てているのと同じことですから。このように後になって×になることもあるので、2週間ごと、または1カ月分をまとめて振り返ることをおすすめします。

____月分　家計簿シート

左に名目、右に金額を書き入れてください。変動費は予算と実際にかかった金額を両方記入しましょう。

収入
※お給料やその他の収入

先取り貯金
※貯金口座に移動させた金額（口座ごと）や、投資、保険など

特別支出
※冠婚葬祭の費用などイレギュラーな支出

固定費
※家賃や水道光熱費、通信費など

変動費
※食費、交際費など

収入		先取り貯金		固定費		今月使えるお金
	−		−		＝	

左上に日付を記入し、お金を使った日の枠内にその金額(と買った物)を書き入れます。お金を使わないで過ごせたノーマネーデーにはシールを貼るなどして自分を褒めましょう。下の表に「美容費」「交際費」などカテゴリーごとの週予算を決めて、使ったお金をまとめてもいいですね。

SUN	MON	TUE	WED	THU	FRI	SAT

	1WEEK	2WEEK	3WEEK	4WEEK	5WEEK	合計

予算		実際		残高
	−		=	

「給料日ルーティン」でお金の流れをリセット

私は、お給料が振り込まれた日に必ず行う「給料日ルーティン」を決めています。給料日になったら、**まずお給料が振り込まれているかどうかを確認**します。問題なければ**貯金口座や奨学金の返済、旅行費、冠婚葬祭などの目的別口座に決めた金額を先取りで振り分けます。**

その後に**財布の中のお金を取り出します。**これは**1カ月間節約して余らせることができたお金なので、新しい財布を買うためのごほうび貯金に移します。**こうして頑張った成果が自分に返ってくるほうが、お金の使い方に気をつけて、できるだけ余らせようという気持ちが強くなります。また、先取り貯金からごほうび用のお金を使うと貯金が減るのが気になってしまうので、この方法をとっています。

計画的にごほうび貯金をしたい方や、貯金がどんどん増えていくことに喜びを感じる方は、先取り貯金に加えてもいいと思います。

それから主に交際費として**ATMで1万~1万5000円くらいを下ろして財布に入れ、家計簿を締める**までが、**毎月必ずやっている私の給料日ルーティン**です。**家計簿を締める**

作業は、総資産の残高をつけて、前の月よりどれくらい増減したか計算することが一番の楽しみです。ルーティンを決めて毎月淡々と流れ作業のようにやっていくと、漏れなく全体を見ることができます。**毎月の自分の収支と資産の状態を数字で客観的に知ることと、それを習慣づけることが大切です。**

「貯金用口座」を作りましょう

家計管理をする上で、最初に確認しておきたいのはお金の「預け場所」です。使っている銀行口座とクレジットカードをすべて洗い出し、なるべく手間をかけず、効率よく管理できるように絞り込んでいきます。

気づいたら口座が増えてしまっていたという人は少なくないはずです。

たとえば学生時代にアルバイトの給料が振り込まれる銀行口座を作り、スマホ料金の引き落としをその口座で行っていたとします。その後、就職してお給料の受け取りは別の銀行口座になり、アルバイト代の受け取りはなくなったものの、スマホ代は前の口座から引き落とされるままになっている、などということがあるのです。皆さんは、いろいろな支払いごとに銀行口座が作られていて、管理しきれなくなっていませんか？

銀行口座をいくつも持っている人で、実際にムダな支払いに気づいていなかった受講生がいました。その人は昔、プリクラの料金を月額で支払っていたそうです。月々数百円の少額なので、メインでない銀行口座から毎月引かれているのに気づけないまま、何年もの間、毎月数百円をムダに支払い続けていたことになります。

銀行口座は、生活費決済の口座と貯金する用の口座の2つで十分です。**収入と支出は、なるべく1つの口座でまとめておけると収支の把握がしやすいです。**毎月生活費にいくら使っているのか、銀行口座が1つであれば簡単に把握できます。支出の総額から、だいたい毎月20〜30日の間に引かれている固定費を引けば、変動費をいくら使ったかの計算もすぐにできてしまいます。

本格的に貯金を始める時は、貯金用の口座を作りましょう。普段のお給料の受け取り先や、生活費を入れておく銀行口座とは別の口座を用意して、先取り貯金などはそこに入れるようにします。

貯金用口座を作ると、貯金がいくらあるか分かりやすくなります。さらに、普段使っているお金から切り離すことで、手をつけてしまうのを防ぐことができます。そのため、貯金用口座はなるべく金利が高いことに加えて、引き出しにくい銀行に作ってもいいと思います。家の近所や通勤経路にＡＴＭがなければ引き出しにくいですし、キャッシュカードなしの通帳のみの口座を開設できる銀行を選ぶのもいいでしょう。

金利が高い銀行は専門の金融メディアのウェブサイトで確認できるほか、地元の地方銀行や信用金庫、農協などでキャンペーンの優遇金利を提供していることがあるので、チェックしてみましょう。また、銀行のネット支店で高金利を提供している場合もあります。

また、銀行口座同様、**クレジットカードの複数持ちは要注意**です。

私も昔、浪費家だった時は複数のクレジットカードを使っていました。でも、ポイントを効率よく貯めたり、割引を上手に利用したりという意味のある使い分けではありませんでした。クレジットカードを１枚だけ使っていると、だんだん買い物の金額が増えていきますよね。それがとても怖く感じて、現実から目をそらしたくなってしまいました。

そこで、もう１枚カードを作って、支払いを分けることにしたのです。支払いの期日も少しズレますし、１枚あたりの引き落とし額が少なくなります。結局は自分が全部支払うので、あまり意味はなく、むしろ余計に使いすぎてしまう原因になっていました。

ですから、クレジットカードをたくさん持つのは、しっかり賢く使いこなせる人でない限り、あまりおすすめできないなと感じます。

自分に合った貯め方を見つけよう！

おすすめの貯金方法を3つ紹介します。

1つ目は「**先取り貯金**」です。お給料が振り込まれたら、すぐに毎月決めた金額を差し引いて貯蓄口座に移します。自動振替サービスを使うと勝手に一定額を移してくれるので、気づいたらお金が貯まる仕組みができますし、残りの金額は好きに使っていいお金なので、ストレスなくお金を貯めやすいです。やむを得ない出費がある時は、金額を増減させてもいいと思います。

2つ目は「**目的別貯金**」です。たとえば美容費や冠婚葬祭費、海外旅行費といった項目ごとに封筒や銀行の目的別口座を作り、そこにお金を入れていく貯金法です。具体的な目的が決まっていたほうが、モチベーションが上がるタイプの人におすすめです。

3つ目は「**貯金アプリ**」です。スマホの貯金アプリと銀行口座を連携させて、楽しみながら貯金することができます。たとえば「ｆｉｎｂｅｅ」というアプリは、「1日5000歩歩いたら貯金」など、自分で設定したイベントをクリアすると、連携した銀行口座の普通口座から貯金用口座へお金の移動を自動で行ってくれて、ポイントも貯まります。前向きな行動を取りながら自動で貯金を行える点がメリットです。

自分に合ったお金の貯め方を見つけるための、3つのコツをお伝えします。

①無理のない金額設定

②組み合わせもOK

③続けることが何より大切

貯金を頑張りたいという気持ちは本当にすばらしいと思います。でも、貯金に夢中になりすぎて、友達と会う時間が減ってしまったり、そのせいでストレスを感じてしまったりする人もいます。貯金は続けることが何より大切なので、**「貯金苦」にならないよう、自分の生活サイズに合った貯金額を見つけましょう。**

さまざまな貯金法をおすすめしましたが、複数の方法を組み合わせるのも効果的です。先取り貯金額は低めに設定して、貯金アプリを使って、ウォーキングしながら貯金する方法を試してみるのも賢い選択です。自分の貯めやすいやり方で柔軟に考えていきましょう。

まいやんおすすめ！　必ず役に立つ「節約術」

節約は「我慢」ではありません！

この数年、物価がすごい勢いで上がっていることもあり、節約術がブームになっています。ネットやテレビでもよく特集が組まれていて、なるほどと思うアイデアから、実践したらどれくらいお金が浮くのかな？　と気になる方法まで、見ているだけでも楽しめます。

私の受講生でも、節約術を知りたいという人は多くいます。その時によくお話ししているのは、**「節約＝我慢」ではない**ということ。私が考える節約とは、**「自分が満足できるお金の使い方」**です。一つひとつのお金の使い方で満足感が得られると、自然とムダ遣いが減っていき、必要なお金だけを使う習慣が身についてきます。そうすることで家計に余裕が生まれ、貯金できるお金も増えていくのです。

「節約＝我慢」と捉えてほしくない理由は、我慢の節約をしていると、いずれ節約をすることが苦しくなるからです。ダイエットをする時に、我慢して食事制限を頑張ってみても定着は難しく、やめたとたんに元の体重に戻ってしまいますよね。大事なのは食生活そのものを、無理なく継続できるやり方で改善すること。節約も全く同じことで、満足できるお金の使い方を知れば、続けられるようになります。

私も以前、貯金にハマり、自分を犠牲にしてでも節約をしていた時期がありました。すると、毎月の貯金額を多くしたいあまりに、お金を使うことに罪悪感を覚えるようになっていました。お金は貯まるけど何も楽しくない、「貯金苦」の状態になっていたのです。貯金はあくまでも夢を叶えるための手段なのに、いつの間にか目的になり、自分を苦しめていました。皆さんには、こんなふうにはなってほしくないと思います。

目標を決めて貯金をすることはとても大事なことです。ただそれとは別に、お金には「早く使ったほうが充実度が高い」という面が確かにあると私は思います。やりたいことをひたすら我慢して銀行口座に何億円も積み上がったとしても、年を取って身体が満足に動かなくなってからお金を楽しく使うのは、正直難しいと思いませんか？

大事なのは、**楽しみと貯金のバランスを取ること**です。なかなか難しいことではありますが、この本を読んで自分としっかり対話をしていけば、必ず納得のいく貯金ルールを作れます。自分に合った節約術を、無理なく、日々の生活に取り入れていきましょう！

効果バッチリ！　30の節約方法

ネットスーパーの活用

ネットスーパーの強みは、必要な物だけを買えること。スーパーに行くとついやってしまう、目移りからの買いすぎを防ぐことができます。スーパーによっては正午くらいまでに注文すれば、その日のうちに届くのも便利です。

お肉やお魚などのメイン食材からカゴに入れる

スーパーは入口に安売り商品や目玉商品を大量陳列することが多く、つい手が伸びてしまいがちです。そこで、入口付近は通り過ぎて、真っ先にお肉やお魚のコーナーへ向かい、メインの食材を最初にカゴに入れます。お肉やお魚は1パック数百円から1000円以上とそれなりに高いので、その価格を意識しながら店内を回ることになります。すると、自然とムダ遣いを控えようという気持ちが生まれ、財布の紐が緩みにくくなるのです。メイン食材以外も、家で買う物をメモしておくと目移りせず効果的です。

メニューを決めてから買い物に行く

私は料理があまり得意ではありません。余った食材をやりくりすることが苦手で、冷蔵庫の中で悪くなってしまうことがありました。そのため、今日明日くらいのメニューを決めておいて、レシピ通りに買うようにしています。結果、ムダがなくなって節約になりました。野菜が残った時には、セイロ蒸しにしたり、鍋にしたりして使い切っています。

調理しやすい食材を買う

私にとって扱いやすい食材とは、たとえば玉ねぎやじゃがいものような、調理法が簡単なものです。たとえば、かぼちゃはとても美味しいですが、硬くて切りにくく、取り扱いは一苦労。一時の気分で面倒な食材を買っても、使い切れなかったらムダになってしまいます。

もやしだったら水でさっと洗うだけ、レタスなら洗ってちぎるだけ。こういう扱いやすい食材を使ったレシピで回していくようにすれば、お総菜を買ったり外食したりといった割高な出費を減らすことができます。

冷凍野菜やカット野菜を活用する

冷凍野菜やカット野菜は分量調整しやすく、使い切るのが簡単なのでよく利用しています。一見割高に思いますが、ムダになることがまずないのは大きなメリットです。たとえばほうれん草は、洗った後に茹でないといけないので、面倒に思ってしまいます。その点、冷凍のものは、すでに洗浄・下処理がされているため、解凍してそのまま使えて非常に便利です。他の野菜でも、カット済みのものを使えば調理時間を短縮でき、忙しい時でも手軽に栄養を取ることができます。手間がかからない分、料理のハードルが下がって、毎日の食事作りが楽になりました。

レトルト食品や冷凍食品をストックしておく

お総菜の利用や外食を減らすには、レトルト食品や冷凍食品をストックしておくのも効果的です。仕事で疲れ切って帰った日でも、レトルトのカレーやパスタソースを温めたり、冷凍ギョーザを焼いたりするくらいなら、何も考えずにできますよね。買う時は少し割高に感じても、外食など、より高い出費を減らせると考えれば節約になります。

冷蔵庫の中を8割未満にキープする

冷蔵庫の中を常にいっぱいにしていると、奥のほうに押し込まれた食材が悪くなってしまい、捨てる羽目になることがあります。あまり食材を詰め込まず中身をよく見えるようにしておけば、食材が悪くなる前に気づくことができます。

●こだわりがないものは「プライベートブランド」を使う

プライベートブランド（ＰＢ）とは、一般的な食品メーカーの商品ではなく、大手チェーンスーパーが企画した割安なオリジナルブランド商品のことです。イオングループのトップバリュ、セブン&アイ・ホールディングスのセブンプレミアムなどが代表的なＰＢです。私の場合、料理酒やみりんなどの調味料や片栗粉などの材料は、割安なプライベートブランドの商品を使っています。一方、オリーブオイルや醤油など、味が直接分かりやすいものについては、自分の好みに合った商品を選ぶようにしています。

●水筒を持って外出する

私は甘い飲み物を飲むのがそんなに好きではないこともあり、水筒に水を入れて持ち歩くことが多いです。お家のお水でも十分美味しいと思いますし、ペットボトルの水を買わずに済む分、節約にもなります。

まとめ買いをする

うまく活用できれば、特売商品のまとめ買いは大きな節約パワーがあります。ただし注意が必要なのは、後になって気分が変わったり、予定が変更になったりしてまとめ買いしたものを使い切れなくなる場合です。食材であれば悪くなってしまうかもしれませんし、悪くならないものであっても、在庫がたくさんあると気が大きくなり、つい使いすぎてしまうかもしれません。私にはまとめ買いは合わないのでしていませんが、自分の性格に合うなら活用できます。

キャッシュレスで購入する

クレジットカードやスマホ決済、電子マネーなどで購入すると、ポイントが貯まる点は大きなメリットです。お店にとってキャッシュレス決済は手数料がかかるので、実際の商品やサービスの値段にはこのコストが含まれています。ですから、実は現金払いの人は、キャッシュレス決済を利用している人の分までコストを負担しているようなものなのです。

理論的には、キャッシュレス決済は使わなければ損といえるのですが、私の受講生でもキャッシュレス決済を始めて出費が増えてしまったという人がいます。そういう人は後払いになるキャッシュレス決済ではなく、銀行口座の残高が使える上限になるデビットカードや、チャージ式のキャッシュレス決済であれば、手元にある分しか使えないので、ムダ遣いを防ぎやすくなります。それでも使いすぎが心配なら、現金払いもいい選択かもしれません。

ふるさと納税を活用する

ふるさと納税は、住んでいる市区町村とは異なる自治体に寄付をすると、その金額から自己負担分の2000円を引いた金額が翌年の住民税・所得税から控除される制度のことです。寄付をした自治体からは、寄付額の3割にあたる返礼品を受け取ることができます。返礼品は自治体によって異なり、ホテル宿泊券や旅行チケットからホットプレートなどの家電製品、コスメ、トイレットペーパーや洗剤などの日用品もあるので、家計の負担軽減になります。

私は返礼品で食材を受け取ることが多いです。お肉やお魚を選べば、その月の食費はだいぶ浮きますし、普段は食べられない高級食材をいただけるという幸福感があります。

ふるさと納税には「ワンストップ特例制度」が設けられていて、ふるさと納税をする自治体が5市区町村以下であれば、原則として確定申告をしなくても大丈夫です。

●定期的に固定費の見直しを行う

定期的に固定費の点検を行い、仕事や生活に支障が出ない範囲で見直しましょう。大切なのは1回見直しをして、これで大丈夫と満足しないことです。半年もすれば、スマホのキャリアやサブスクのプランが変わる可能性もあります。自分の生活が変わっている場合もありますよね。たとえば在宅勤務が増えて家のＷｉ－Ｆｉで通信できるので、スマホの通信量が前より少なくなっていたりとか、サブスクをあまり使わなくなっていたりとか。固定費は常に最適化しておきたいものです。

●エアコンの温度を一定に保つ、または自動にする

エアコンは、暑くなった部屋の空気を冷やしたり、寒い部屋を暖めたりする時に電気代が多くかかります。温度を維持する分には電気代は最小限で済むので、エアコンの設定温度は一定にしておきましょう。自動運転に任せるのも効果的です。

●欲しい物はまず100円ショップで探して試してみる

ダイソーやセリア、Ｃａｎ★Ｄｏなどの大手100円ショップチェーンは、大規模店であれば品ぞろえがとても充実しています。何か欲しい物があった時、100円ショップに

あるかも？　と思った物はまず探してみて、使い勝手を試すのが賢いやり方です。

たとえば、電車や飛行機の座席で長時間過ごす時に重宝するネックピローは、数千円する高級品から、１００円ショップで買える廉価品まであります。そこでまず１００円ショップの商品で試してみて、満足できればコスパのいい買い物になります。ネックピロー自体はいいけれどすぐ壊れてしまったという場合は、少々高価でも長持ちしそうな商品を探してみるようにすれば「買ったけど使わなかった」ということがなくなり、ムダがありません。場合によっては３００円ショップも使えるでしょう。

洋服やコスメはアイテム数を決めておき、使い終わったら買う

私は洋服もコスメも「一捨一買」を意識しています。洋服の枚数は今クローゼットの中にあるハンガーの範囲内に収めると決めています。新しく服を買う時は、同じ数だけ持っている洋服を捨てるか、リサイクルショップで売ります。コスメもストックはせず、使い切ってから新しい物を買います。使わない物がたまるのを防ぐことができますし、家の中が片づいて心地よく感じます。

● 基礎化粧品は成分を見て買う

前月に化粧水を買ったのに、その月もまた買おうか悩んでいる受講生さんがいました。話を聞くと、季節の変わり目で肌荒れしており、合う化粧水が見つからないということでした。そこで、持っている基礎化粧品を全部集めてもらい、一緒に点検していきました。するど、成分を見る限り肌荒れのケアは持っているスキンケアグッズで十分、事足りそうです。使っているクレンジングがW洗顔用のものだったために刺激が強かったと分かり、洗顔をやめることで肌も改善されました。

知識があると、たとえば肌が乾燥している時にはセラミド入りの化粧水を選ぶなど、その時々の自分に合った正しい商品を見つけることができます。いろいろな美容商品を買って試す必要がなくなり、ムダ遣いをしなくて済みます。特に女性は美容に関してついお金をかけすぎてしまうことがあるので、知識を持つことは大切です。

インフルエンサーのおすすめやCM、ブランドだけに頼るのではなく、自分の欲しい効果が得られる商品を買いましょう。成分で判断すれば、むやみに高いコスメでなく、ドラッグストアで買える物で十分という判断もできるようになります。肌の成分検定や骨格診断、パーソナルカラー診断なども、お金はかかりますが、その後にムダな買い物がなくなるなら、とても有効な自己投資になります。

セルフケアを丁寧に行う

私は肩こりがとてもひどいんです。以前、あまりにつらくなったので整体に2カ月間通ったところ、保険が利かず、すごくお金がかかりました。それをきっかけに、普段から肩回しやストレッチをしておくと決め、節約につなげました。日常の積み重ねでどんどん疲れがたまっていくので、まめにケアしておくことが大事だと思います。髪の毛にしても普段から早く乾かし、きちんとトリートメントをしておくと、美容院で高いトリートメントをしなくても済みます。

外食のお店はなんとなくで選ばず、予約していく

ふらっと入ったお店が思いがけず美味しい、というのは外食の醍醐味ですが、現実には毎回そんなふうにはいかないものです。メニューを見たら想像していたよりも高額だったとか、味や接客がイマイチだったとか……。やはり事前に調べて、評判がいいお店を予約して行ったほうが、満足度は高いと思います。ネットで予約をするとクーポンを使えたり、ポイントがついたりといったお得もあります。

ストレス発散でお金を使わないよう、お金のかからない趣味を持つ

私は昔、ストレス発散のために洋服をたくさん買っていて、振り返ればあんなにムダなことはなかったと反省しています。ストレス発散のためにお金を使うのではなく、大きなお金のかからないストレス発散法を身につけたことで、お金が節約できるばかりでなく、生活の質が上がりました。

私の場合、散歩や読書にあてる時間は、自分のことを大切にしているという実感が持てます。あえて時間を取って、自分のプラスになる、ゆったりとした過ごし方をすると、自己肯定感も高まりました。

目的に向けてお金を貯める

たとえば、財布を買ったり旅行をしたいと思ったりした時、私はすぐには買ったり行ったりせず、お金を貯めてから実行するようにしています。目標を持つことで、計画的に買い物ができるようになり、実現した時の満足感も、時間をかけた分だけ高くなります。

欲しい物を買うまでに一定期間を置く

欲しい物を見つけても、すぐに買わず、複数のプロセスを経て購入の決断をすることで、

衝動買いやムダ遣いを減らすことができます。

まず気になる商品が見つかったら、ネットで検索して口コミを調べます。信頼している周りの人に聞いたり、SNSで調べたりもします。それで評判が悪くなければ、いったん心の中に留めておきます。1週間ほど気持ちを落ち着かせて、それでもまだ欲しい気持ちが変わらなかったら、ネットショップなら買い物カゴに入れ、リアル店舗で買うなら購入リストにメモします。この間に忘れてしまったり、売り切れてしまったりした時は、縁がなかったと思うことにしています。

購入リストに入れてからも、口コミをチェックし直したり、実際に使う時をイメージしてみたりして、本当に買ってもいいか検討します。そうしている間にキャンペーンやお得なタイミングが来て、その時にまだ欲しい気持ちが続いていたら、ようやく購入です。ここまで慎重に進めることで、後悔する買い物の回数がかなり減りました。

物欲を刺激することから離れる

セールやキャンペーンには積極的に参加しないようにするのも大切です。ネットショップでは定期的に大々的なセールが行われますが、そのタイミングで欲しい物を探さないようにしています。セールやキャンペーンは乗せられるものではなく、うまく活用するものだと思っているので、前から買うと決めていた物が安くなるタイミングだから買うというふうに使っています。

節約についての記事などでは、セールやキャンペーンを積極的に利用しようと書いてあることが多いです。ただ、私の場合はセールだから何かいい物あるかなと探しに行くと、明らかにムダ遣いが増えます。コンタクトレンズとかお米とか、生活必需品で定期的に補充が必要な物を買い物カゴに入れておき、お得な日に買うイメージです。

基本的に、欲しい物は何の情報も見てなかったら生まれないと思います。知らなければ物欲は生まれないので、欲を刺激してくる物との接触を減らすことが重要です。

1駅くらいなら歩く

住んでいる路線の駅間やバス停の間隔が近い場合、歩いてみるのもいいと思います。私の場合は仕事柄、定期券がないので、歩けばその分電車賃の節約になります。気分転換のためにも、20分くらいなら歩きますし、場合によっては30分ほど歩いて目的地に向かうこともあります。いい運動にもなるので、一石二鳥です。

夫婦で共通認識を持つ

同棲している恋人や夫婦の間で一緒に節約しようという話になった時は、最初に認識を合わせておくとスムーズに運びます。いきなり始めても、節約の基準ややり方は人それぞれなので、相手が思い通りにやってくれないという不満が生まれることは避けられません。節約の目標と、具体的にどんな場面でどんなふうに節約するかを、すり合わせておく必要があります。

つい最近、私と夫の共通口座から支払うクレジットカードを、夫がかなり使っていることが分かりました。私はその使い道を節約したいのですが、ただ節約しようと言ってもおそらく夫には伝わらないと思いました。そこで、節約することによって得られるメリットを共有することにしました。共通口座の支出を節約すると、貯金が増えてやりたいことを叶えられる回数が増える。だから、共通口座のクレジットカードの支払いはこの金額以下に抑えていこう、と伝えました。

あとは普段から、夫婦でお金の使い方についてよく話し合っています。スーパーで買ったお菓子を深夜に食べることがたびたび起きているので、どうしようかと話し合って、休みの日だけにしようと決めたこともありました。話し合ってルールを決めておけば、どちらかがルールを破りそうな時に、もう一方が気づいて修正できるので、ムダ遣いを防ぐことにつながります。

ATM手数料や振り込み手数料が無料な銀行を選ぶ

ネット銀行はリアル店舗がないので、その分ATM手数料と振り込み手数料の無料回数がメガバンクや地方銀行より多くなっています。お給料の振り込み先をお勤め先に指定されている場合は難しいかもしれませんが、ネット銀行をメインにしたほうが、投資をする際のネット証券との連携のよさも含めて、何かと使い勝手がいいと思います。120ページに主なネット銀行の比較をまとめたので、参考にしてみてください。

荷物やアプリの整理を行う

自分自身、そして受講生の方々とお話ししてきた印象として、物が多い人ほどお金が貯まりにくい傾向があります。散らかった部屋では、探したい物が見つからず、その結果同じ物を買ってしまうことがあります。散らかった部屋で過ごすとストレスがたまりやすくなり、ムダ遣いや衝動買いも増えてしまいます。荷物はなるべく片づけて、ある物、持っている物は分かるようにしておきたいですね。

スマホの中身にしても、アプリを入れすぎていると、無料期間が過ぎて課金されているアプリに気づけないかもしれません。使っていないアプリは定期的にチェックし、整理しましょう。アプリを探す時間と手間を減らすことにもつながります。

娯楽はお得な決済方法や時間帯を利用する

私は映画を観るのが趣味なので、決まった映画館チェーンで安く観られるイオンカード（ミニオンズ）を使っています。映画料金は今１９００円前後ですが、このクレジットカードで購入するとドリンクとポップコーンつきで１４００円か、何もなしで１０００円で観るかを選ぶことができます。他のチェーンでやっている映画は、レイトショーやレディースデーを利用しています。

他にも、私にとってサウナはリラックスできる貴重な時間ですが、土日料金が割高なので平日に行くとか、お得な回数券を利用するとか。よく利用する所ではポイントカードを作るとか。自分の趣味を有利に楽しめる方法を事前に調べておき、しっかり利用してお得に楽しみましょう！

お財布は「小さく、見やすく」

私は、財布はなるべく小さいものを選んでいます。持ち歩くクレジットカードの枚数を少なくしておきたいからです。お札やレシートも多く入れておくことができないので、常に財布の中をきれいに整えておくことにつながります。財布が小さいとレシートがすぐ目立ってくるので、そろそろ家計簿のつけ時だなというふうに、支出の振り返り作業をするきっかけにもなります。

財布が小さいと、ムダなポイントカードは遠慮しようという気持ちになるのもメリットです。以前は行く先々でポイントカードをもらっていたのですが、もらっても使うことなく財布を膨らませるだけになっていました。使っていないカードに埋もれて、使えるポイントカードが見つからなかったり、忘れてしまったりしては本末転倒です。今ではポイントはよく行く店だけで貯めるようにして、カードの枚数は最小限に抑えています。

財布が小さいと入っている金額も確認しやすくなります。昔のことですが、アルバイト中、更衣室に置いていた財布から現金を抜かれたことがありました。その時はたまたまお金を下ろしたばかりで、財布の中に入っている金額が分かっていたので、抜かれたことに気づくことができました。財布の中身を把握しておくことは防犯面での意味がありますし、残金を意識するのでムダ遣いが減ります。財布の中身は、お金を使う時の気持ちにも関わってくるので、できるだけ普段から整えておくことを心がけてください。

貯めるポイントは「よく使うもの」で選ぶ

今はキャッシュレス決済を中心に、ポイント同士の競争が過熱しています。5大ポイントという用語もあり、楽天ポイント・Vポイント・Pontaポイント・dポイント・P ａｙＰａｙポイントが人気を集めているようです。

この中でどれを貯めたら有利かとよく聞かれます。それぞれ特徴はありますが、基本は普段自分がよく行くお店で使えるポイントを貯めるのが一番いいと思います。私の場合は楽天ポイントで、楽天カードを経由して楽天証券で投資信託を積み立てています。税金や家賃、公共料金も楽天カードで支払えばポイントがつきます。楽天カードで支払える支出は全部、集約しています。買い物も楽天市場をはじめとする楽天経済圏の中でなるべくするようにしていて、ネットスーパーも楽天マートを利用しています。

ポイントを使う時は、期間限定ポイントはちょっとした娯楽にあてて、使い残しがないようにしています。アイスを買うようなささやかな楽しみですね。通常のポイントは、楽天証券で投資信託を買っています。ポイントがお金に変わり、運用成績が積み上がっていくので、これは効果的な使い方だと思っています。

ソニー銀行	住信SBIネット銀行	SBI新生銀行
0.15%	0.1% SBIハイブリッド預金は0.11%	最大0.3%
月最大4回無料	月最大20回無料	何回でも無料 スタンダードステージは月5回 ※一部銀行を除く
月最大11回無料	月最大20回無料	月最大10回無料
○	○	○
マネックス証券	SBI証券	SBI証券
①外貨商品が豊富 ②外貨預金の取り扱いが全12通貨	①為替手数料がお得 ②目的別口座	SBI証券との連携で、最上位ランクに到達できる
Sony Bank WALLET (Visaデビット)利用で最大2%キャッシュバック	利用状況に応じて「スマプロポイント」が付与される	ポイントの付与なし

主なネット銀行の比較

2024年10月時点での金利や特典などをまとめました。参考に検討してみてください。

	楽天銀行	あおぞら銀行BANK支店	イオン銀行
預金金利	0.1% 最大0.18%	0.2%	0.1%
入出金手数料	月最大7回無料	無料 ※ゆうちょ銀行ATM	無料 ※イオン銀行ATM
振り込み手数料	月最大3回無料	月最大5回無料	月最大5回無料
デビットカード	○	○	○
証券会社との相性	楽天証券	GMOクリック証券	マネックス証券
特典	楽天経済圏でポイントが貯まる	①還元率最大1%のVisaデビット機能 ②積み立て目標が作れる	イオン銀行のATMなら24時間、何回でも入出金手数料無料
ポイント	給与の受け取り・振り込み・口座振替で楽天ポイントが貯まる、使える	①Visaデビットカード利用で最大1%を現金還元 ②ポイント制度はなし	イオンカード(クレジットカード)利用でWAON POINTが貯まる

COLUMN 3

彼氏の借金を
超スパルタで解決した話

借金彼氏との出会いは、私の人生を決定的に変える大きなきっかけになりました。彼にはお金の面では頼れないから、経済的に自立したいと決心して頑張ってきました。でもそれはそれとして、彼氏の借金は２人の将来のためにも、絶対に解決する必要がありました。

そこで私がしたのは、彼に「貯金マインド」をたたき込むことです。たとえば、彼が１週間に３回も飲み会に行って、お金が足りないとぼやいた時がありました。そこで私は、「本当に３回も行く必要があるのか」「今しか行けない飲み会なのか」について、彼と徹底的に話し合いました。上司との関係を深めて仕事をやりやすくするような意味がある飲み会ならいいけど、ただ定期的に開催して飲むだけの会なら、借金返済中の身としては遠慮してもいいのでは……というのが私の考えです。こんなふうに、彼のお金の使い方について事細かに話し合い、仕事でも生活上でも意味のない支出は控えて、借金返済に回すよう促していきました。

当時、彼が就いていた仕事の給料は手取り17万円で、ボーナスもありませんでした。その状態で借金を繰り上げ返済するのは難しいと思い、収入を増やす転職と副業を二人三脚で実現しました。私は求人を一緒に探し、自己ＰＲを添削し、副業として動画編集を教えました。結果、彼は転職で手取り25万円にアップし、副業でも月１～２万円もらえるようになり、借金完済へのスピードを上げることができました。

何より、私も彼にお金を貸していたので、焦りがありました。借金を返済できないなら別れますと言い渡して、２人でやり遂げた借金返済プロジェクトだったのです。彼とはその後、結婚することになりました。

Chapter

4

【増やす】一番分かりやすい投資の考え方と選び方

お金を増やすには、どうしたらいいですか？
自分に合ったリスクとリターンのものを組み合わせて、今日から資産運用を始めましょう！

投資が「ギャンブル」ではない理由って？

資産運用とは何か

今、資産運用がかなりブームになっていると感じます。私の講座の受講生でも、周りがやっているから自分もやらないとまずいのかな、どうやって始めたらいいのかなという疑問を持つ人がとても多いです。あとはネットやテレビなどのニュースで見たから、老後資金が気になるから、という理由で資産運用を始める人が増えています。**資産運用とはお金を増やすためにすること全般**を指し、**特定の対象に資金を投じることを投資といいます。**資産運用の一つの方法として株式投資がある、というイメージです。

投資を始めようという気持ちはとても前向きですし、もちろん私も投資しています。自

分らしい人生を送るために、必要なお金を前もって準備しておくことが大切です。そのために、資産運用の知識があると役立ちます。資産運用を学ぶことで、必要な資金を効率よく増やし、人生の選択肢を増やせるからです。また、社会や経済の変化に対応するためにも、資産運用を理解しておくことが重要です。

少子高齢化はこれからも進んでいきます。少子高齢化が進むと社会保険料を納める現役世代が少なくなり、私たちの老後は年金だけで十分に生活することが難しくなっていきます。年金収入だけでは、決して楽な暮らしにはなりません。

そして、この数年で一挙に進行してきたインフレ、つまり**物価の上昇は今後も定着する**と予想されています。これに対して**預貯金の金利は低くて、銀行に預けていてもお金は増えず、むしろ実質的に目減りしていく可能性すらある**のです。お金を稼ぐことは大事ですが、稼いだお金にもさらに働いてもらうために、資産運用を役立ててほしいと思います。

ここで、投資を始める前に知っておいてもらいたい大前提があります。それは、「**貯金で目的が達成できるなら、投資はせず貯金だけでもいい**」ということです。

もちろん、預貯金も銀行が倒産したり、物価が急上昇して貯金の価値が目減りしたりといったことが絶対に起こらないとはいえません。それでも、この後で学んでいく株式や投資信託を使って投資するよりは、はるかに安定しています。投資であれば1日で1～2%、極端な時は10%以上増減することもあるからです。

とはいえ、実際には貯金だけで人生のいろいろな目的や目標（ライフプラン）を叶えていくのは難しいことが多いです。やりたいことをあきらめなくていいように、まずは投資についてよく知り、できるだけ安全な方法でお金を増やしていきましょう！

知識をつけて行えば、投資は怖くありません

ここで質問です。そもそも、投資をするとどうしてお金が増えるのでしょうか？

答えは、**投資をしたお金がその企業の役に立つ**からです。

たとえば株式に投資する、つまりある企業の株式を買うと、その代金が世の中を回って、投資した企業が行っている事業や経営者を応援することになります。具体的には、株式を買うことで株価が上昇し、その企業の評判がよくなり、事業資金を集めやすくする手助けができます。そのおかげで、投資先の企業が社会の役に立ち、成長していきます。その企業が利益を出すと株価が上がり、その企業の株を買う人が増えて、ますます株価が上がっていきます。その結果として、先に投資した私たちのお金が増えるのです。

投資をギャンブルだといって毛嫌いする人がいます。安く買って高く売れば儲かるというけれど、明日、株価が上がるかどうかは誰にも分からない。こんな側面だけを見れば、確かに投資はギャンブルです。でも、世の中を支えたり、暮らしやすくしたりする事業の役に立ち、その見返りとして投資した人も得をするというのも事実です。

つまり、これは時間に関係する話だと思ってください。競馬やパチンコみたいに短い時間で結果を問われるなら、投資はギャンブルです。でも、投資先の事業が拡大していく数年、または十数年単位で考えるなら、投資には増える根拠があるといえる。こんなふうに理解していただけたら、分かりやすいと思います。

とはいえ、自分が買った会社の株価が下がり、パソコンの画面にマイナスが表示されることを考えるだけで、怖くなってしまう人は私の受講生でも珍しくありません。株価がどこまでも下がってしまい、借金を背負うことになってしまうのではないか……そんなふうに考えたら、夜も眠れなくなってしまいそうです。

そういう人には、最初にこうお伝えしています。**「投資した企業がつぶれたとしても、投資したお金がゼロになれば終わり。それ以上の借金を負うことはないし、誰かに責任を問われるようなことも、ありません」**と。

数年前にＦＸ（外国の為替証拠金取引）が流行りました。異なる国の通貨を売買して利益を得る取引のことで、少ない資金で大きな取引を行うことができるため、効率的に資産を運用する手段として多くの利用者を集めました。これはＦＸ会社から借金をして為替取引をしているためで、為替取引の結果がマイナスになれば、借金をしている分、マイナスも膨らみます。結果、含み損（計算上の損失）が一定基準に達すると強制的に決済されてしまう、非常にリスクの高い投資となります。

証券会社や銀行で、ＮＩＳＡ口座などを使って行う株式や投資信託への投資は、これとは全く違います。

ただし、投資した時の株価より下がってしまえば、含み損を抱えることは当たり前に起こります。あまりよい気分はしないものなので、できるだけ含み損を抱えないような投資法はすでに研究され尽くして、すっかり確立していますので、少し先で説明していますので、このまま読み進めていきましょう。

いろいろな「資産」のリスクとリターン

資産によってリスクとリターンが異なる

私たちが投資できる対象を「資産」といい、資産にはいろいろあります。銀行や証券会社を通じて投資でき、形がない資産を特に「金融資産」といいます。上昇しやすい反面、下がりやすい資産もあれば、あまり大きな利益は期待できないけれど、損をすることはほとんどない資産もあります。上昇しやすい資産の代表が株式で、安定しているものが預貯金です。

資産ごとに、得られる利益の大きさと値動きの安定さが違います。たとえば、安定している資産は大きな利益は期待しづらいものの、価格の変動が少なく、リターンが予想しやすい傾向があります。一方、値動きが激しい資産は、利益が大きくなる可能性もあります

投資のリスクとリターンの関係

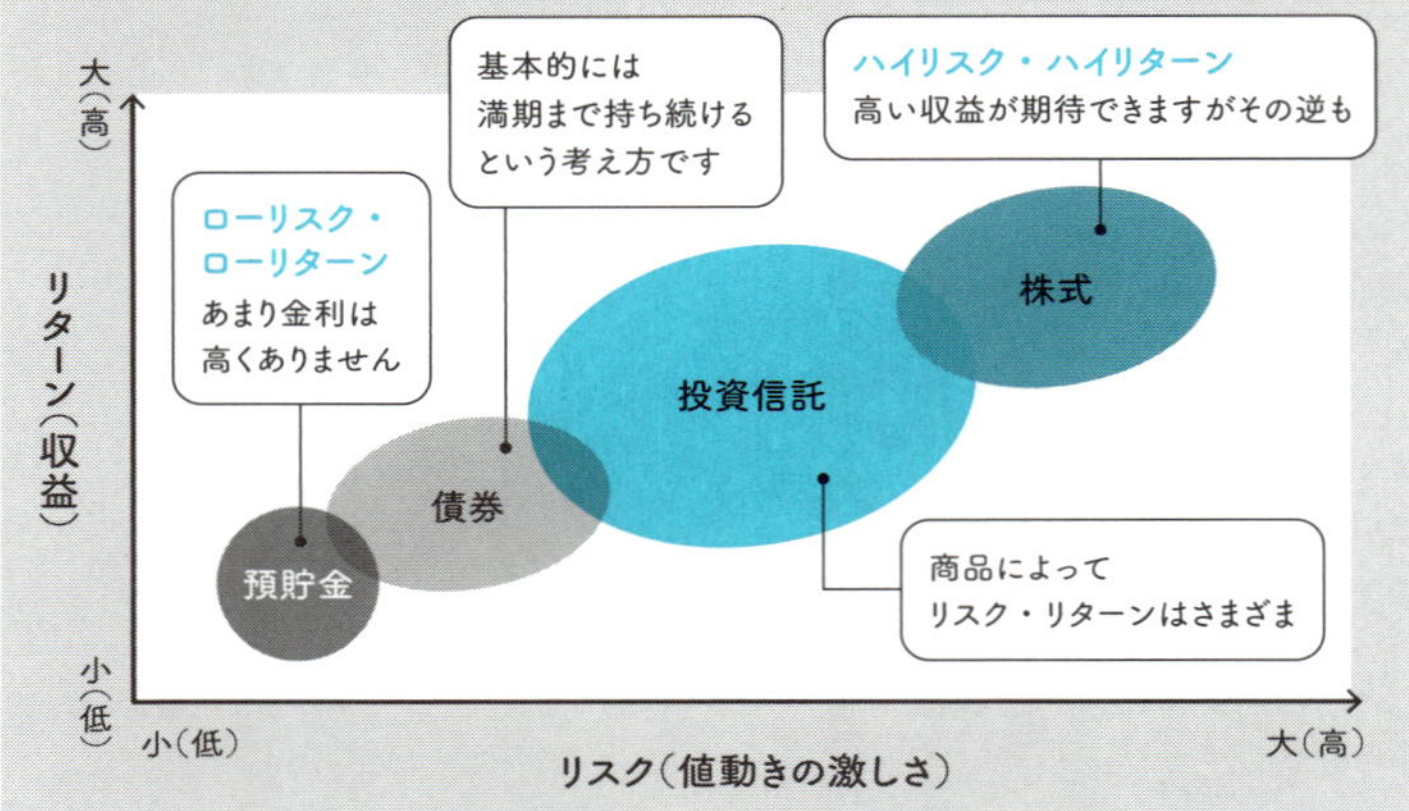

もっともローリスク・ローリターンな預貯金からハイリスク・ハイリターンな株式まで、自分に必要なリターンを目指して、組み合わせて投資することが有効です。

が、逆に大きく損をする可能性もあります。投資用語としては、この「値動きの激しさ」を「リスク」といい、リスクが高いほど、利益と損失のどちらも大きくなりやすいです。世の中には都合のいい話はなく、言い換えれば、投資のリターンは、マイナスを含む大きな値動きを我慢することから得られるものだといえます。

「安全」と「支払い」に使える預貯金

ここからは、いろいろな金融資産について紹介していきましょう。

預貯金は、減る心配がない代わりにほとんど増えません。２０２４年の春

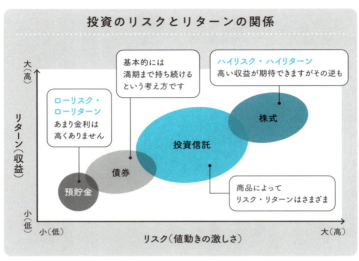

からようやく預貯金の金利が上がってきましたが、それでも年0・1〜0・3%程度という低さです。今、物価が1年で2〜3%も上がる時代になってきていることを考えると、お金をただ銀行に預けているだけだと、実質的な価値が目減りしていく可能性があります。銀行は安全にお金を置いておけることと、いつでも引き出せることに価値があるといえそうです。

ただし、預貯金も100%安全というわけではありません。1つの銀行につき1000万円までの預金は、その銀行がつぶれても安全が保護されますが、それ以上の金額は返還されない可能性があります。お金をたくさん預けている人は、念のために複数の銀行に口座を作って、それぞれが1000万円を超えないように管理してください。

「債券」は国や企業の「借用書」

ここからは、運用期間中に価格が下がる可能性がある資産になります。すぐ使う予定のある資金や、絶対に減らしてはいけないお金は投資には向きません。あくまでも余裕資金で、子どもの教育資金や老後資金など、数年〜十数年という長い期間をかけて投資しましょう。

預貯金に次いでリスクが小さい金融商品に、「債券」があります。**債券とは、国や企業が投資家からお金を借りる時に発行するもの**で、一般的には「借用書」のようなものといえば分かりやすいと思います。債券は発行される時に、お金を貸す期間と定期的に支払われる利息が決められています。投資家は債券を購入することで、発行者（国や企業）にお金を貸し、その代わりに利息を受け取ります。満期日（返済期限）が来ると、元本（貸したお金）が返されます。株式のように、投資した会社の業績によって株価や配当が上下することはありません。

国が発行する「国債」や、トヨタのような有名大企業が発行する「社債」であれば、安全に0・5〜2％くらいの利息を毎年受け取って、最後に元本が戻ってきます。銀行の定期預金に比べると利息が2〜10倍にもなるので、かなり有利な投資になります。

ただし、債券投資なら絶対に損をしないというわけではありません。債券は期限が来る前に売却することができますが、経済の状況によっては安い価格でしか売れず、損をすることもあります。また、国家や有名大企業であっても、たとえば大災害や戦争、世界恐慌のような予期せぬ経済ショックなどが起こった時や、倒産をした場合には利息や元本を支払えなくなる可能性があるということは、覚えておきましょう。

債券の売買はほとんど店頭取引（証券会社や銀行の店頭）で行われており、株式のようにいつでも売買されているわけではないので、買いたい商品をいつでも買えるわけではありません。そこで一般的には、100円からいつでも売買を申し込める投資信託を通じて債券に投資する個人投資家が多いです。投資信託については後ほどお話しします。

債券には、この後で紹介する**株式に対して、値動きが異なる方向に動きやすい**という大きな特徴があります。たとえば株価が下がる時には債券は上がる、または株価ほど下がらないという値動きをすることが多いので、投資資金全体で見るとバランスが取れて、増減が緩やかになります。反対に、株式の調子がいい時期は債券が足を引っ張っているように感じることもありますが、そもそも調子のいい時だけ株式に投資するのはとても難しいことです。普段から保険の意味で、株式と併せて債券にも投資しておくとよいでしょう。

「株式」に投資して大企業のオーナーになろう！

株式とは「会社の所有権」のことです。株式を買った人は、ごく一部でも、その会社のオーナーになっています。株主は、経営者を選ぶことで会社の経営に携わり、会社の業績から配当をもらう権利を持つ、とても強い立場です。

そして株式は資産運用の基本で、お金を増やす力がもっとも大きい投資手段です。業績が急成長して株式市場で人気化した銘柄は、たった1カ月で株価が2倍、3倍に急上昇することもあります。その代わり、業績が悪くなると株価が1日に2割、3割下がることもありますし、会社が倒産したら株式の価値はゼロになります。

株式投資、恐ろしい……と思われたでしょうか？

2024年10月時点で、日本の株式市場に上場している企業は約4000社あります。この中で、事業が手堅く順調で、業績が右肩上がりの銘柄を選んで投資すれば、ジェットコースターのような値動きにドキドキさせられることはめったにないでしょう。そんな優良銘柄を複数購入すれば、それぞれが別の値動きをするので、投資資金全体の動きはより緩やかになります。この後で説明する投資信託を利用して、数千社の株式に分散投資すれば、値動きはさらに安定していくでしょう。

個別の株式に投資するには、調べたり考えたりする時間と手間が必要です。忙しい社会人にとっては難しいかもしれません。時間があって投資を楽しめる人には個別の株式投資は向いていますが、ただお金を増やしたい、将来のための資金を作りたいという人は、投資信託のほうがリスクが小さく、時間も手間も省けるのでおすすめです。

株式投資は長い期間で見ることも大事です。日々の値動きは投資家の心理に大きく影響されています。たとえば楽観的なニュースがあると、投資家が過度に自信を持ち、株を買い、株価が上昇することがあります。反対に、少し悪いニュースで不安が広がると、慌てて売却する方が増えて、株価が急落することもあります。

このように、株価は投資家たちの感情の動きに揺さぶられて、激しく動くことがありますが、長期的には、しっかり事業で利益を出している企業の株価は、右肩上がりになっていくものです。

不安な時期こそキラキラ光る「金」

宝飾品として、古代から世界で価値を認められてきた「金」にも投資することができます。貴金属店で金地金やコインなどの金を買うことができますが、手っ取り早いのは**金に投資する投資信託を購入する**ことです。実物の金を買う時は手数料がかかりますが、投資信託は比較的手数料が低いので、おすすめです。

金は長い目で見ると価格は上昇傾向にあり、その値動きは株式や債券とは大きく異なります。

特に景気が悪い時期や物価が急上昇する時期、または戦争などで世界情勢が混乱する時期など、人々の不安が高まった時に上がりやすいといわれます。株式や債券が、世の中が比較的平穏な時期に上がりやすいのとは対照的です。つまり、**株式や債券と組み合わせて持っていると、分散投資の効果を強く発揮し、資金全体の値動きが緩やかになることが、金に投資する最大のメリット**なのです。

「投資信託」は資産運用の最強ツール

多くの投資家から資金を預かって、**債券や株式などさまざまな資産に投資する「入れ物」のような金融商品が「投資信託（ファンド）」です。**集めたお金を、経済金融の高度な知識を身につけた専門家（運用会社）が運用して、得られた利益を私たち投資家が受け取ることができます。私たちよりもはるかに知識と経験があるお金のプロが運用してくれるわけですから、自分でよく分からないまま探り探りの運用をするよりずっと安心です。

私は**初めて投資をする人には、投資信託をおすすめ**しています。自分で個別の株式を運用するのは、経験と知識を身につけてからでもいいと思います。

投資信託には2つの大きな特長があります。

1つ目は「**分散投資**」されていることです。投資信託は商品によって投資する資産が異なっていますが、基本的に、複数の株式や債券などに投資しています。これを分散投資といい、投資が失敗する可能性を減らしてくれる大事なメリットがあります。たとえば、1社の株だけに投資する場合と、日本中の上場企業3000社に分散投資する投資信託を買う場合を比べてみましょう。どちらのほうが失敗する可能性が低いと思いますか？

1つの企業だけに投資する場合は、その会社が重大な不祥事や倒産に見舞われた場合、価値が暴落することは避けられません。これに対して、3000社に分散投資をする投資信託では、仮に1社が倒産したとしても、価値に与える影響は3000分の1で済みます。日本だけでなく、投資先の地域を分散することでも、利益はさらなる安定が期待できます。

1社の株価が何倍にもなるような大成功を追い求めるのではなく、失敗する可能性を減らしながら着実に利益を積み重ねていけるのが、分散投資のメリットです。夢や目標に向けて安定的に資産を作っていくなら、ぜひ投資信託を活用してほしいと思います。

そして2つ目の特長は、**100円から購入できる**ことです。個別の株式や債券に投資する場合、通常は数万円以上のまとまった資金が必要となりますが、投資信託なら少額から気軽に始めることができます。

預貯金から債券、投資信託、株式と、順にリスクもリターンも上がっていきます。これらの資産を組み合わせることによって、自分に合った運用スタイルを見つけることができます。たとえば、「投資資金をあまり用意できないから、目的を達成するために、高い収益が期待できる株式多めで運用したほうがよさそう」「お金が増えたり減ったりするのが苦手だから、まずは安定的な債券中心に運用していこう」といった選択ができます。

知っておきたい「インデックスファンド」と「バランスファンド」

株式に投資する投資信託（ファンド）は1000本以上あり、一つひとつ確かめていてはきりがありません。本書では2つの分類を組み合わせて、自分に合ったファンドを考えていきます。まずは次の表を見てください。

ファンドは大きく、「**インデックスファンド**」と「**アクティブファンド**」に分けることができます。**インデックスとは「指数」のことで、対象となる株式市場の値動きを表しま**

株式ファンドの種類

インデックスファンド	アクティブファンド
指数に連動する	市場の動向を分析
運用手数料安い	運用手数料高い

×

日本株	先進国(米国)株	新興国株

す。日本株なら「日経平均」「ＴＯＰＩＸ」、米国株なら「ダウ工業株平均」などが有名です。**インデックスファンドは、これらの指数と同じ動きをする（連動する）ように運用する**だけなので、プロが調査・分析をして儲かるように運用する必要がありません。その分、**運用手数料が安く済みます。**これに対して、**アクティブファンドはインデックスファンドより収益が出るようにプロが運用する**ものです。多くの人員と調査・分析、投資する企業への取材といった作業にお金がかかるので、**運用手数料は高くなります。**

アクティブファンドはいいファンドに当たればリターンが狙えますが、コスト差を超えてインデックスファンドに勝ち続けるアクティブファンドは多くありません。初心者がアクティブファンドを選ぶのは難しいので、本書では**インデックス**

ファンドの利用をおすすめします。

そしてもう一つ、株式ファンドは投資する「国」によって分けることができます。**「日本株」「日本以外の先進国株」「新興国株」**です。

日本以外の先進国には、米国や英国、EU、シンガポール、オーストラリアなどが入ります。この10年ほどは特に米国株の調子がよかったので、**米国株単体に投資する人も多い**ようです。株式投資でいう新興国には、中国、韓国、台湾、ブラジル、インド、東南アジアなどが入ります。

この3分類は、値動きがそれぞれ異なります。日本株を基準にすると、日本以外の先進国株は米国の経済や企業の動向に強く影響を受けること、為替の変動があることなどから、日本株より少しリスクが大きくなります。新興国株は、株式市場の運営や企業の会計が先進国に比べるとまだ整い切っていない部分があるため、それを反映してリスクはさらに大きくなります。

この3分類のインデックスファンドに投資すれば、おおむね世界中の上場企業に分散した運用ができます。**1つのファンドでまとめて投資できる「全世界株」ファンド（オルカン）もあり、今年に入ってNISAブームの後押しもあって爆発的に大ヒットしています。**

投資信託は債券や金にもファンドを通じて投資することができます。これらの投資信託を組み合わせて分散投資することで値動きのバランスが取れ、資金全体の増減が安定するのですが、この作業を自動的に行ってくれるのが「**バランスファンド**」という投資信託です。

バランスファンドは、初心者でも簡単に分散投資ができます。個別に債券、株式など資産を選ぶ手間が省けるため、投資に慣れていない方やリスクを抑えたい方に適しています。また、リスクが低い分、急激な利益を期待するというよりも、長期的な資産形成を目指すことに向いています。

投資する前に理解しておきたい4つのこと

目的を決めて、淡々と

投資駆け出しだった私の体験を踏まえて、投資を始める前に心に留めておいてほしいことをお伝えします。ポイントはこの４つです。

①投資の目的を決める
②投資にはリスクがあることを理解する
③「分散・つみたて・長期」を徹底する
④「投資の力」を理解する

投資をしていると、日々の社会・経済ニュースや株価の動向に気を取られて、気持ちが揺らいでくることがあります。いかにも上がりそうな株があるから短期売買で儲けようとか、反対にこの先の景気が不安だから売ってしまおうとか。このような気分に投資が影響されると、ほとんどの場合、あまりうまくいきません。考え抜いて決めた投資の手法を、規律正しく守っていくことこそ、投資がうまくいくためには大切です。

そこで最初に、**何のために投資をしてお金を作りたいのか？**という、「投資の目的」を明確にしておきましょう。目的が決まれば、それに合わせて投資の方法を選ぶことができます。選んだ方法は、投資の目的を達成するためのベストな道のはずです。そうなると、「このままでいいのかな……」などと不安になった時にも、まずは自分が決めたやり方を守ろう、と考えることができます。

たとえば子どもの教育費のために、15年で500万円を貯めるとします。15年という長い期間をかけられる資金なら、資産運用の出番です。金融庁の「つみたてシミュレーター」にアクセスして、メニューから「毎月いくら積み立てる？」を選び、目標金額と想定利回り（年率）、積み立て期間を入力します。仮に株式と債券に分散投資するバランスファンドを使って想定利回り3％で運用する場合、月々必要な積み立て金額は約2・2万円となることが分かります。これならなんとか積み立てていけそうですね。

想定利回りを上げれば必要な積み立て金額は下がりますが、想定利回りが低いほど安定的な運用となるため、期待通りの運用結果が実現しやすく、逆に想定利回りが上がるほど、運用結果が期待に届かない可能性が高くなります。利回りとリスクは密接に関わっているため、利回りを高くしようとすればするほど、うまくいかない結果に陥る可能性も高くなります。そのため、利回りを追求するよりも、積み立て金額を増やすほうが、確実に目標に近づきます。

次に、**投資には6種類のリスクがある**ことを理解しましょう。

- **価格変動リスク：金融商品を買った時から価格が変わるリスク**
- **為替変動リスク：通貨の価値が変わることで金融商品の価格が変動するリスク（円高・円安など）**
- **金利変動リスク：中央銀行の政策や経済状況の変化によって金利が動き投資に影響するリスク**
- **流動性リスク：買った金融商品を売りたい時に売れなくなるリスク**
- **信用リスク：金融商品の発行元が破綻するリスク**
- **カントリーリスク：国や経済情勢などによって価格変動が起きるリスク**

これらのリスクは、投資をする以上避けて通ることは絶対にできません。むしろ、これらのリスクを受け入れて、企業に投資するからこそ、投資家は事業が成功した時に利益を分けてもらえるのです。価格の変動が起きても落ち込まず、淡々と投資を続けるマインドを持っていきましょう。

「分散・つみたて・長期」の投資でゆっくりコツコツお金を増やす

実は、さまざまなリスクを乗り越えて投資するための、3つの「コツ」があることが分かっています。それが**「分散・つみたて・長期」**です。

有名な投資の格言に**「卵は1つのカゴに盛るな」**があります。卵を運ぶ時に1つのカゴに入れて運ぶと、うっかりしてカゴを落とした時に全部の卵が割れてしまいますよね。カゴを分けて運べば、仮に1つ落としても他のカゴに入れた卵は無事です。こんなふうに、投資をする時もいろいろな資産・金融商品・銘柄に分散することが大事です。

分散投資の効果を表したものが次の図です。資産①と資産②は、それぞれ長期的には投資するとプラスになる資産で、値動きの「クセ」が真逆になっています。このような資産に分散投資すると、資産①が下がった時に資産②は上昇、逆に資産②が下がった時は資産①が上昇というふうに、お互いの弱点をカバーして資産全体の動きがなだらかになります。

分散投資の効果（イメージ）

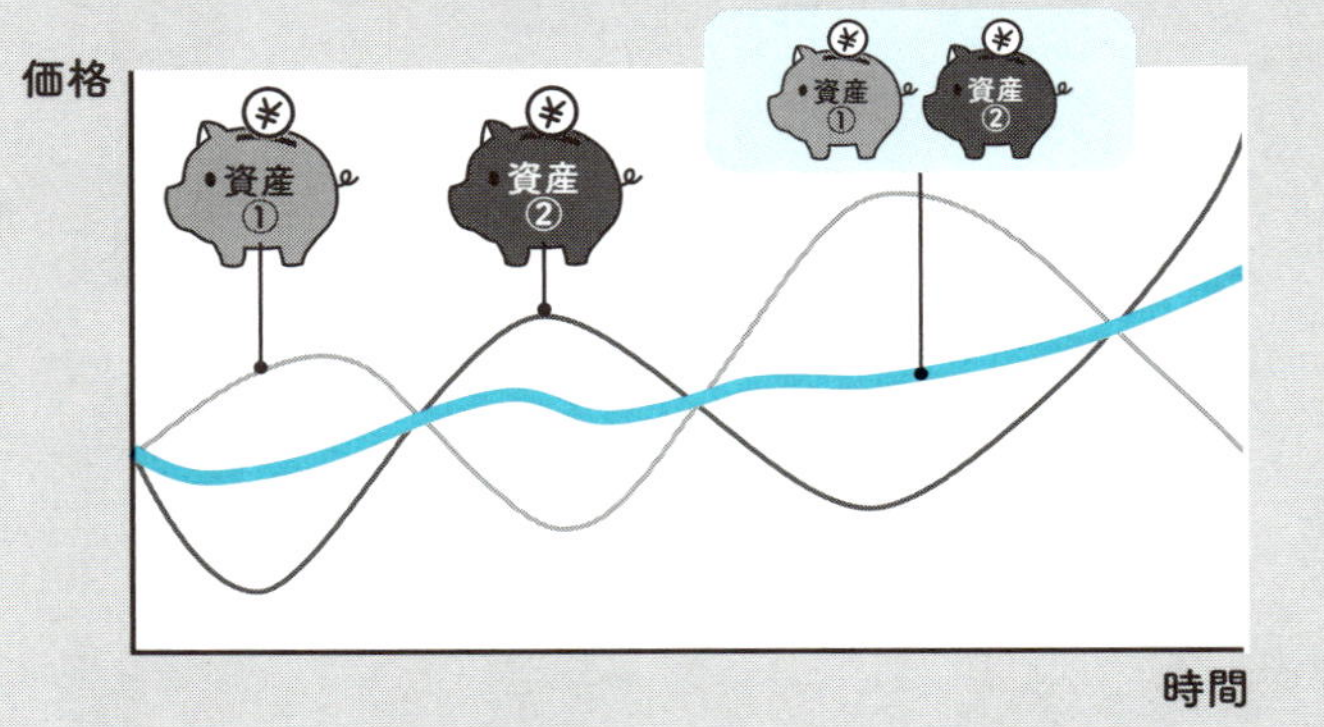

そして、長期的にはともに右肩上がりになるという理想的な関係です。

これほど好相性の資産はなかなかありませんが、**全く同じ値動きをするもの同士でない限り、分散投資の効果は必ずあります**。そのための便利な道具が**投資信託**だと、覚えておいてください。

つみたて投資とは、金融商品を毎月・毎週・毎日など、定期的に買いつけていく投資法です。**つみたて投資は、投資するタイミングを気にせず機械的に続けられるという点が大きな特長です**。

そしてもう一つ、つみたて投資の最大のメリットは、「**価格が上がっても下がってもぶれずに投資できる**」ことです。

たとえば、株式投資信託を毎月1000円ずつ買っていくとします。

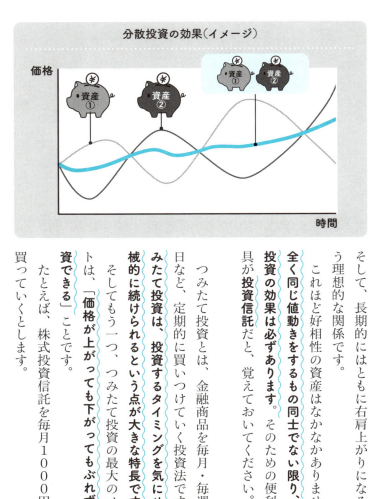

- **1月：1株あたりの価格1000円で10株購入**
- **2月：1株あたりの価格50円→1000円で20株購入**
- **3月：1株あたりの価格200円→1000円で5株購入**

1月から2月で株価は下がっていますが、1月よりも2月のほうが多く株を買うことができました。3月には株価が上がったので、買えた株は少ないものの、1月2月で多めに買えた株が値上がりしています。

つまり、株価が下がっている時につみたて投資を続けると、後で株価が回復した際に、資産が大きく増えることになります。一度このサイクルを経験すると、むしろ株価の下落が楽しみになります。これがつみたて投資の魅力の一つといえるでしょう。

このように、価格が変動しても毎月同じ額を投資することで、リスクを分散し、長期的な成長を期待する方法です。特に、初心者やタイミングを計るのが難しい人にとって、手軽で安心感のある投資方法（ドルコスト平均法）とされています。

続いて長期投資をするメリットについてお伝えしていきます。投資をする時の「長期」とは最低でも数年、数十年に及びます。

長期投資について、金融庁が行った調査があります。1989年以降に毎月同じ金額ずつ国内外の株式と債券につみたて投資を行い、5年間と20年間それぞれ保有した場合、5年間という短い期間だと、投資を始めたタイミングによっては、大きな収益を得られることも元本割れになることもありました。しかし、20年間という長い期間保有していれば、どの時点から始めても、1989年以降のデータでは元本割れになったケースはありません。収益は安定し、100万円の投資が20年後には186万円以上になるという結果でした。投資で得た収益を当初の元本にプラスして運用することで得られる利益を「複利」と呼び、長期投資をすると複利効果が大きくなります。このように、**投資期間が長ければ長いほど投資が失敗する確率が下がり、大きく増えやすくなる**ということは、ぜひ覚えておいてください。

長期投資をしている途中では、資産が増えたり減ったりするのはつきものです。それでも長期投資はプラスになるということは、**途中でマイナスになっても売ったらダメ**ということ。**少々含み損になっても慌てなくて済むくらいの少額から始めて、下がったらむしろ買い増すくらいのゆったりとした気持ちで続けてください。**

受講生の中でも、20代のうちから老後資金を気にしている方はとても多くて、いつから投資を始めたらいいですか？　という質問をよく受けます。

その答えは、**なるべく早く、少額からでも始めること**です。たとえ毎月1000円の長

分散・つみたて・長期投資の効果

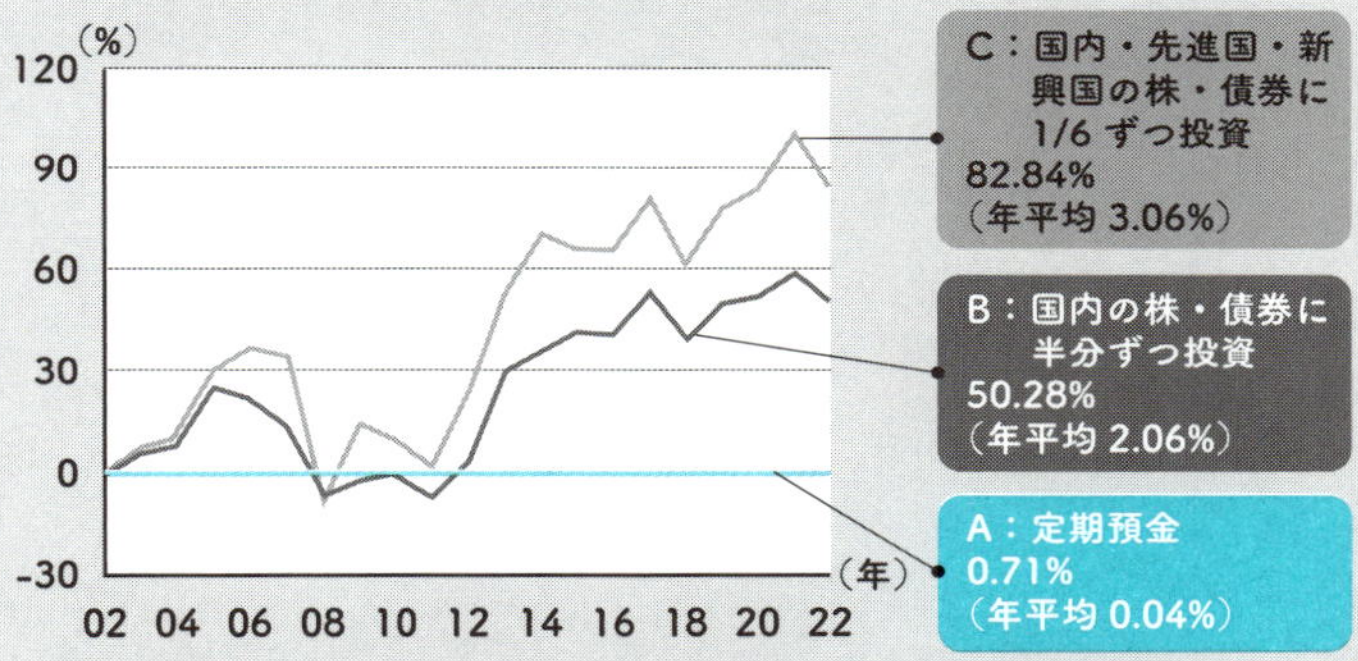

(出典)Bloombergより、金融庁作成

期つみたて投資だとしても、20歳から始めれば、老後まで45年あります。この間、株式と債券に分散投資するファンドに投資して年率３%で運用できれば、総額54万円の投資額が１１３万円に増えます。投資した額の２倍以上に増えると分かれば、毎月１０００円といわずもっと積み立てよう！と思えてくるのではないでしょうか。

若い人は年配者に比べるとお金はあまりありませんが、時間はたっぷりあります。**時間を味方につけられる分散つみたて長期投資を、少しでも早く始めましょう。**

最後に、６つのリスクには含めなかった「投資しないリスク」についてお伝えします。

金融庁が作成した上の図は、「投資をした時」と「投資をしなかった時」でどのくらい資金額が変わるのかを表しています。２００２〜２０２２年の20年間で同額を定期預金に預けていた場合、最終的に０・71％しか資産が増えていませんでした。この間、日本の株式と債券に半分ずつ分散投資をしていた場合、50・28％増加しました。さらにこの間、国内と世界の株式と債券に分散投資していたら、増加率はなんと82・84％になったのです。

自分の資産の価値を守り、さらに育てていくためにも、「分散・つみたて・長期」というルールを守って投資を続けていきましょう。

それでも「投資が怖い」人へ

怖さを減らすために大事なのは、「分からない」を減らすことです。原因不明の体調不良は、もしかしたら大病じゃないかと不安になりますよね。しかし、診断を受け、治療法が分かれば人は安心します。これと同じように、**投資ではどんなことが起こって、何に投資すればどのくらいのプラスとマイナスがあり得るのかを事前に知っていれば、怖さはだいぶ少なくなるはずです。**

そのためにはまず、**「分からないものには手を出さない」ことが大事**です。「よく分からないけど、儲かるらしい」という状態で投資してしまう人が、詐欺にあうことは決して少なくありません。投資する商品については必ず自分でよく調べて、分からないことがないようにしておきましょう。**どんな資産に投資する金融商品なのか、手数料は他の商品より安いか、どんな仕組みなのか、上がりやすい時期と下がりやすい時期はそれぞれどんな感じなのか。**知っていれば、安心して長期投資を続けることができると思います。

自分で調べるのが難しい人は、信頼できる専門家に相談するのもいいと思います。家族や友人に詳しい人がいれば理想的ですが、そうでなくても、FPの資格を持っているアドバイザーに、本人でも金融機関でもない第三者として、投資の相談やアドバイスをしてもらうことは有益です。もちろん、銀行や証券会社、保険会社などの金融機関にも専門家はいますが、その方々は金融商品を扱っている立場でもあります。フラットに情報を提供しているかどうかを見極め、信頼できると感じた場合は話を聞いてみるのもいいかもしれません。

結局のところ、「**投資は自己責任**」です。専門家のアドバイスを聞いたからといって、損をした時に専門家が肩代わりしてくれるわけではありません。金融商品や資産について理解し、自分で納得して買うことが、やはり投資の基本なのだと思います。

さあ、「NISA」を始めよう！

投資をするなら「ネット証券会社」の口座開設から

預貯金とは別に、**お金を増やすための投資ができる金融機関が証券会社**です。まずは銀行との比較をしながら、証券会社について知っていきましょう。

銀行や信用金庫、農協などの金融機関は、私たちのお金を預かる「預貯金」と、公共料金などの支払いも行う「決済」サービスを提供します。これに加えて、企業相手や住宅ローンなどの「融資」業務が主な取引となっています。一方、証券会社は「投資」に特化した金融機関です。

銀行でも投資商品を購入することはできますが、その種類や手数料などの条件は、証券会社のほうがはるかに上回っています。ごく基本的な投資信託を積み立てるだけのシンプルな投資なら、口座を持っている銀行でも可能です。しかし、より新しく有利な金融商品を使いたい、投資の利益を大きくしたいと考える人は、証券会社を利用したほうがいいでしょう。口座開設しておくだけならお金はかからないので、証券口座を1つ作っておいてもいいと思います。私も自分の投資は、証券会社を利用しています。

証券会社はたくさんありますが、手数料の低さや取扱商品の多さ、ポイントサービスとの連携などを考えると、大手ネット証券で口座を開けば間違いありません。大手ネット証券5社といわれるのが、ＳＢＩ証券・楽天証券・マネックス証券・ａｕカブコム証券・松井証券です。

株式や投資信託などを取引する口座には種類があります。証券会社で口座を開く時は、**「特定口座（源泉徴収あり）」と「NISA口座」の2つを開設**してください。特定口座は一般的な投資用の口座で、投資利益に所得税と住民税がかかります。一方、源泉徴収ありを選んでおくと、証券会社が税金の計算と支払いを代わりにやってくれるので、利益が多く出ても確定申告をする必要がなく、とても便利です。

ＮＩＳＡ口座は、株式や投資信託から支払われる配当や分配金と、売却した時の利益にかかる税金が非課税となります。たとえば1年間に100万円の投資利益が出た時に、特定口座（源泉徴収あり）では税率20・315％で20万3150円の税金が引かれます。NISA口座ではこれがまるまる利益として手元に残るので、お金を増やすのに最適な口座だということが分かります。

NISA口座を活用しよう！

NISAとは、投資を通じて、日本国民の個人資産を、企業を応援する力に変え、同時に投資をした人が豊かになることを目指して、国が用意した制度です。 イギリスのISA（Individual Savings Account：個人貯蓄口座）をモデルにした日本版の少額投資非課税制度です。1人につき1つの銀行や証券会社でNISA口座を開設することができます。

NISA口座は、さらに2つの枠に分かれています。「つみたて投資枠」と「成長投資枠」です。つみたて投資枠で投資できるのは投資信託に限られ、金融庁が定めた厳しい条件をクリアしたものだけに限定されています。

成長投資枠は特定口座に近い自由な投資ができ、さまざまな投資信託、国内株式、外国株式に投資できます。投資枠の特徴を表にまとめたので、よく確認しておきましょう。

新NISAの枠の違い

	つみたて投資枠	成長投資枠
年間投資枠	120万円	240万円
非課税保有期間	無期限	無期限
非課税保有限度額	1,800万円（枠の再利用が可能）	
		1,200万円（内数）
投資対象商品	長期の積み立て・分散投資に適した一定の投資信託	上場株式・投資信託など
対象年齢	18歳以上	18歳以上
2023年末までのNISAとの関係	2023年末までの一般NISAおよびつみたてNISA制度において投資した商品は新しい制度の外枠で、2023年末までのNISAにおける非課税措置を適用	

つみたて投資枠では月10万円、年間で120万円まで投資することができます。成長投資枠では積み立ての場合月20万円、一括なら240万円の枠を使うことができます。合計で年間の投資上限額は360万円となり、5年分の1800万円が非課税で運用できる総投資枠となります。投資した商品を売却すると、翌年以降に投資枠が復活してまた別の商品を買うことができます。非課税メリットがありながら、特定口座とそれほど変わらない自由な投資ができるNISA口座は、投資をする時は真っ先に利用してほしいです。

NISAの唯一のデメリットとして挙げられるのは**「損益通算」できない**ことです。

損益通算とは株や投資信託などで得た利益と損失を相殺し、税負担を軽減する制度のことです。

たとえば、Ａ株で利益が10万円、Ｂ株で損失が８万円出たとして、特定口座であれば利益10万円から損失８万円を引いて、差額の２万円に対して税金がかかります。仮に税率が約20％だとすると、税金は４０００円（２万円×20％）です。

しかし、ＮＩＳＡでは10万円の利益に対して税金はかからず、損益通算の対象にならないため、Ｂ株の８万円の損失を相殺することはできません。

ＮＩＳＡは非課税であることが最大のメリットなのですが、ＮＩＳＡ口座と特定口座をまたいで損益通算を認めるほど優しい仕組みではないということです。

「私らしい投資」の作り方、教えます

先ほどお話ししたように、投資できる金融資産にはさまざまありますが、今回は投資信託に絞って、投資する資産とファンドの具体的な選び方に入っていきましょう。

そもそも「いいファンド」とはなんでしょうか。手数料が安くて、多くの資産や銘柄に分散投資できるファンドであれば基本的には十分なのですが、そのようなファンドはたくさんあるので、むしろ大事なのは「自分にとってのいいファンドとは？」を知ることです。

そこで、最初に**自分の「リスク許容度」を考える**ことにしましょう。投資は長期で行う

ことが大事なので、途中で不安になって売ってしまっては元も子もありません。どれくらいのマイナスであれば自分は売らずに我慢できるかを知っておき、それに見合った投資をしていきましょう。

投資のリスクをどの程度許容できるかは、実際のところ人それぞれです。年齢や投資経験、年収、性格、家族構成などは我慢強さに影響します。年齢であれば、若いほうが総じて楽観的で、時間を味方につけられるのでリスク許容度が高くなります。投資経験がない人は、含み損を抱えると気持ちが落ちてしまいがちです。当然、元々の性格が我慢強いか打たれ弱いかも関係するでしょう。

こんなふうに考えていって、自分は投資で含み損を抱えて我慢できるか、どのくらいのマイナスなら我慢してつみたて投資を続けられるかをイメージしておきましょう。実際には、投資を始めて分かることももちろんあるので、あまり重く考えず気楽に取り組んでみてください。少額から始めて慣れていけば、どんなリスク許容度であれ大丈夫なはずです。

次ページの「リスク許容度チェックリスト」を使って、自分のリスク許容度を把握していきましょう。左側に5~7個チェックが入ったら「保守型」、右側に5~7個入ったら「積極型」となります。左右の偏りがあまりなかったら、「安定型」がおすすめとなります。

リスク許容度チェックリスト

✓	当てはまるほうにチェックを入れてください			✓
□	50代〜	年代	20代〜40代	□
□	数年以内	お金が必要な時期	10年以上先	□
□	少ない	資産・収入	多い	□
□	少ない	投資の経験	豊富	□
□	慎重	性格	積極的	□
□	安定重視	投資目的	収益重視	□
□	あまりない	投資分析する時間	わりとある	□
左が多いならリスク許容度低め			右が多いならリスク許容度高め	

本書では、自分のリスク許容度に合わせて、3つの「アセットアロケーション」を使います。アセットは資産、アロケーションは割り当てという意味で、アセットアロケーションは「資産配分」となります。自分の投資資金に、国・地域別の株式と債券、そして預貯金といった資産をどんなふうに配分するかがアセットアロケーションで、**「保守型」「安定型」「積極型」**に分かれます。

自分のリスク許容度を考えた結果、とにかく安全性を重視したい場合は、債券を中心とするアセットアロケーションがおすすめです。積極的に増やす投資をしていきたい場合は、株式の割合を高くする運用が合っています。そして、この中間を含めた3パターンで投資商品の組み合わせを考えていくことにしましょう。この3パターンは、たとえば投資に慣れてきてリスク許容度が高まったと思えたら保守型から積極型に変えたり、予想外に投資がうまくいって目的達成に近づいた時は安定型に変えて予想外の下落に対する守りを固めたり、というように使ってもいいと思います。

次のページに3つのアロケーションを図にしてみました。

必ずこの通りになるというわけではありませんが、自分がどの程度のリターンを得たいかを見定めて、アロケーションを選んでみてください。

そして、参考までに……私のアセットアロケーションは、債券と金と株式で毎月つみたて投資をしています。割合は株式6割、債券3割、金1割です。株式は米国株ファンドがメインで、その他に国内のよく知られている個別株を少し持っています。債券は米国債ファンドで、金もファンドを積み立てています。コロナ禍の時に株式ファンドだけに投資していて、かなりのダメージを受けました。今後も何があるか分からないので、債券と金にも分散投資して、大きく下がらないように工夫しています。

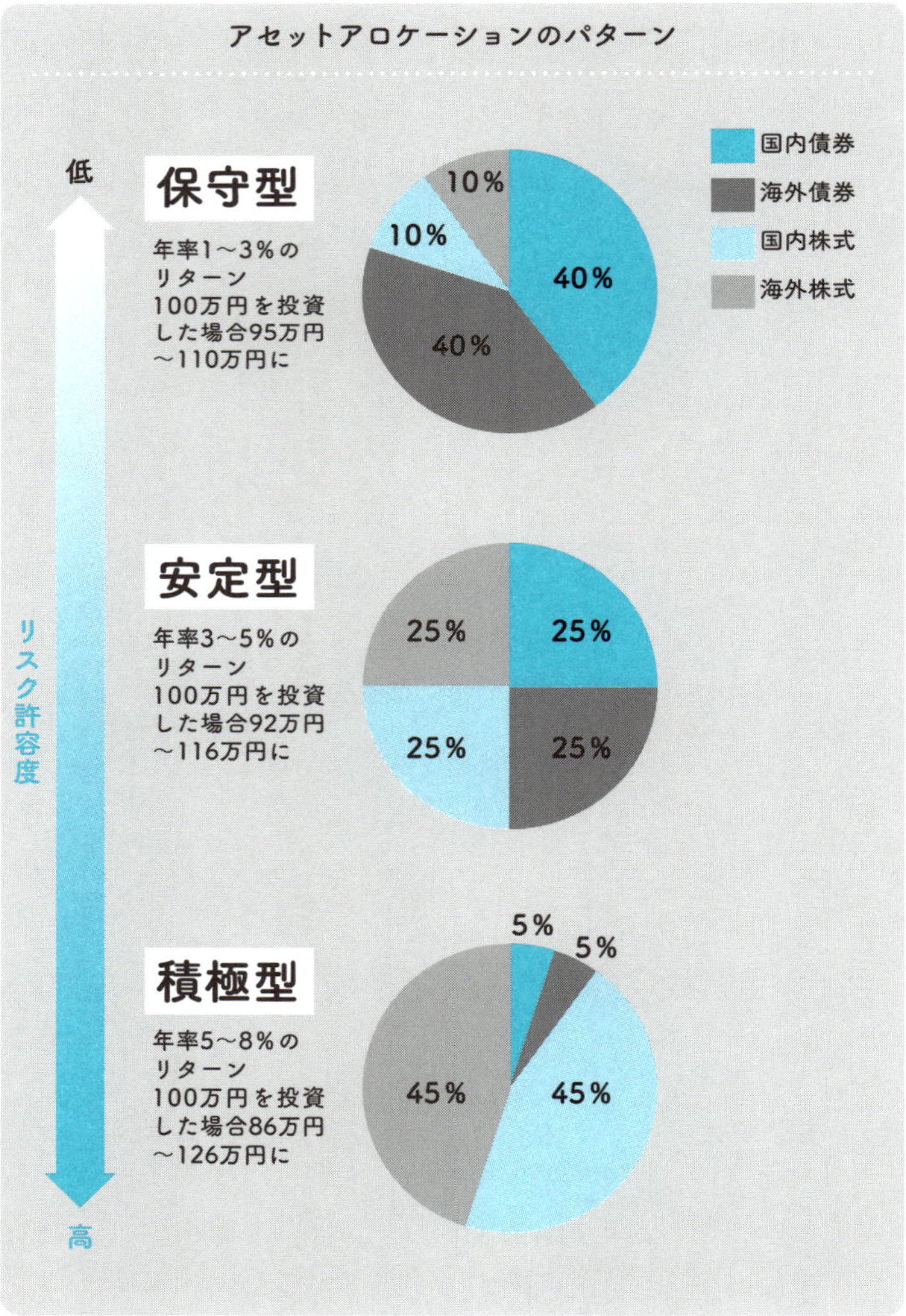
アセットアロケーションのパターン
国内債券
海外債券
国内株式
海外株式
低
リスク許容度
高
保守型
年率1〜3%のリターン
100万円を投資した場合95万円〜110万円に
40%
40%
10%
10%
安定型
年率3〜5%のリターン
100万円を投資した場合92万円〜116万円に
25%
25%
25%
25%
積極型
年率5〜8%のリターン
100万円を投資した場合86万円〜126万円に
5%
5%
45%
45%

失敗しない投資信託選び

アセットアロケーションを決めたら、次に購入するファンドを選びます。まずは次ページの「投資信託の選び方チェックリスト」を確認してください。

1と2は、**ファンドの手数料**を見ています。商品名や運用会社が違っても、同じインデックスに連動するファンドであれば運用の内容は同じです。となると、差がつくのはコストの違いだけになるので、「手数料が低いファンド＝いいファンド」と思っていただいて差し支えありません。

3〜5は、**長期間にわたって運用を継続できるファンドかどうか**を見ています。ファンドの運用もビジネスなので、投資資金が集まらず、運用していても赤字になってしまう場合は強制的に解約されます。そのため運用資産額やこれまでの運用実績、予定されている運用期間などの確認は欠かせません。

6〜8では、**ファンドの運用方針をしっかり理解していきましょう。**目論見書は、ファンドの説明書にあたるものです。投資する資産、国や地域、連動するインデックス、運用手数料、考えられる投資リスク、過去の運用成績などが記載されています。最低限、これ

投資信託の選び方チェックリスト

当てはまるものにチェックを入れてください。

1	購入手数料がノーロード（0円）である	□
2	信託報酬ができるだけ安いものを選ぶ	□
3	純資産額が最低30億円以上	□
4	運用期間が5年もしくは10年以上	□
5	契約期間が無期限もしくは20年以上	□
6	目論見書をしっかり読む	□
7	投資対象・運用方針を理解する	□
8	投資のリスクを理解する	□
9	過去の運用実績が右肩上がりである	□
10	純資産額が右肩上がりである	□
11	運用報告書を読む	□

らの項目は確認して、納得して購入するようにしてください。

9～11では、**過去の成績と現在の「勢い」を確認**します。運用成績が途中で上下に動くのは投資につきものですが、長い目で見て右肩上がりになっていることを確認します。**純資産額の増加も成績の順調さを表します**し、運用会社にとって力を入れるべきファンドであることも意味しています。

運用報告書は、目論見書に記載されているファンドの目標や目的に対して、どのくらい実現できたかが記載されています。ネットでファンド名を検索し、運用会社のページに飛んで最新の運用報告書を確認してください。インデックスファンドであれば、基準価額（投資信託の価格にあたるもの）がベンチマーク（インデックスのこと）に連動していることと、総経費率が信託報酬（運用手数料のこと）とおおむね一致していることを確認します。

私が「純資産額が大きく、手数料が低い」と判断したファンドを挙げておきます。あくまで参考として、皆さんが自分に合った投資をする際に役立てていただけたらと思います。

● 海外株式

eMAXIS Slim 米国株式（S&P500）／楽天・全米株式インデックス・ファンド／eMAXIS Slim 先進国株式インデックス／eMAXIS Slim 新興国株式インデックス

● **全世界株式**
eMAXIS Slim 全世界株式（オール・カントリー）／eMAXIS Slim 全世界株式（除く日本）
● **国内株式**
eMAXIS Slim 国内株式（TOPIX）／ニッセイ日経225インデックスファンド
● **債券**
eMAXIS Slim 国内債券インデックス／eMAXIS Slim 先進国債券インデックス
● **その他**
三菱UFJ 純金ファンド／eMAXIS Slim バランス（8資産均等型）／セゾン・グローバルバランスファンド／ニッセイ・インデックスバランスファンド（4資産均等型）

お金を正しい方向に導く「リバランス」

ファンドを購入したら、年に1回くらいは運用状況の確認をしましょう。決めたアセットアロケーションからずれていた時に、**元の配分比率に戻して進行方向を正す「リバランス」をすることが大切です。**

たとえば投資を開始した時に、100万円で国内外の株式と国内外の債券、それぞれを25万円ずつ購入したとします。1年後、世界の中でも日本の株式が特に絶好調で、国内株が31万円、海外株が25万円、国内外の債券がそれぞれ26万円になっていました。当初の比率からずれているので、このタイミングでリバランスをすることになります。

税金は考慮しないとして、国内株ファンドを4万円分売却して、海外株ファンドを2万円、国内外の債券ファンドを1万円ずつ購入すると、4ファンドとも27万円の保有となりました。こうして**高くなった資産を売り、安くなった資産の購入にあてる**ことで、バブル景気や経済ショックが来てもぶれることなく、目標とするリターンを着実に実現する方向に投資資金を向けることができるのです。売却してリバランスすると、短期間でバランスを整えやすいですが、売却時に税金や手数料が発生する可能性があります。

売却せず、追加投資でリバランスする方法もあります。たとえば、5万円の追加資金を投入できると仮定した場合、評価額が増えた国内株式に追加投資せず、海外株式や国内外の債券に資金を配分します。具体的には、海外株式に2万円、国内債券に1・5万円、海外債券に1・5万円の追加投資をして、評価額を27万円に近づけていきます。このやり方だと売却しないので税金や手数料がかかりませんが、追加資金が必要になります。

2つの方法は投資環境や資産状況に応じて使い分けましょう。

COLUMN 4

「テーマ株ファンド」にご注意

今、世界の株式市場はＡＩブームに沸いています。ＡＩは私たちの仕事と働き方を根本から変えるという話もあり、ＡＩや半導体関連の銘柄を集めた投資信託が人気になっています。このような投資信託を「テーマ株ファンド」といい、いろいろな運用会社が毎年いくつものテーマ株ファンドを生み出し、競い合っています。

こんな話を聞くとＡＩ株ファンド、半導体株ファンドに投資したくなったかもしれません。

テーマ株ファンドは、過去の成績が抜群というふれこみで売り出され、しばらくの間は上昇を続けるものです。でも、成績がいいファンドはあくまでも過去から今を見ただけで、今後もいい成績が続くという保証にはなりません。大事なのは、ファンドが投資する企業が未来に向けてさらによくなるかどうかです。

実際には、株式市場のテーマは流行りすたりがあって、いつまでも続くものではありません。投資する前に、ちゃんと情報を集めてファンドの中身を見て、上がり切ったら売ることができるのかをよく考えましょう。少しでも自信がなかったら、株式市場全体に投資する低コストのインデックスファンドを買うほうが無難で、着実に資産を作れると私は思います。

その他に注意すべきこととして、投資詐欺があります。未公開株や仮想通貨、有名人の投資勧誘など昔からあるものや、最近ではＳＮＳで勧誘してくる投資詐欺が爆発的に増えています。

投資詐欺を避けるごく簡単な方法は、誰でも名前を知っている大手の金融機関で取引することです。価格変動で損をすることはあっても、詐欺にあうことはありません。そして、人が直接すすめてくる儲け話は疑ってかかりましょう。

Chapter

5

【稼ぐ】
低リスクで人生変わるかも？
「副業」のススメ

お金をいっぱい稼げるようになるには、どうしたらいいですか？
自分のやりたいことで副業を始めましょう！

今より稼ぐための3つの方法

今の会社でレベルアップするか、転職するか

「少しでも多くお金を稼げるようになりたい！」

誰もが1度や2度は願ったことがあると思いますが、実際にはなかなか難しいですよね。

特に会社に勤めて給料を受け取っている場合だと、お給料を上げたいと思ったところで、毎日頑張っている以上に何をしたらよいかは、とても分かりにくいと思います。

そんな時は、最初にこんなふうに考えてみてはどうでしょうか。


「本当にお給料が足りないのか？」

「足りないとしたら、どれくらいの収入があれば満足できるのか？」


自分の収入が足りていないかどうかは、同年代の平均より多いか少ないかで決まるよう

なものではありません。支出が多い人は、人よりたくさん稼いでいたとしても、結局はお金が足りなくなって不満を抱えているでしょう。反対に、お金をたくさん使わなくても生活を楽しめている人は、稼ぎがそれほど多くなくても満足しています。Chapter2で学んできたように、まずは次のように考えることが大事です。

①自分の目標や送りたい生活に見合った生活費の予算を組んでみる

②それに対して収入が足りているかどうかを考える

やろうと思えばすぐにでもできる、固定費のカットやムダ遣い防止策を実行したら、悩みが解決するかもしれません。それでもどうしても収入が足りないことが分かった時に、稼ぎを増やすことを本気で考えるという順番がいいと思います。

今よりもっと稼げるようになりたい、収入を増やしたいと考えている人が実際にできる方法は、大きくこの3つに分かれます。

- **給料を上げる（残業する、資格を取得する、出世するなど）**
- **転職する**
- **副業をする（アルバイトをする、個人事業主になる）**

今のお勤め先や働き方が合っている人は、それを変えないまま給料を上げることができれば一番いいですよね。**仕事を積極的に引き受けて残業を頑張ったり、仕事内容に関係する資格を取得して手当の支給につなげたりといったことは、すぐにでも取り組めます。**仕事ぶりを認められて出世をすれば、仕事のやりがいと収入がダブルで増えていくことになるでしょう。ワークライフバランスが大事だといわれている時代ですが、とはいえ仕事の充実が人生の充実につながる面があるのは、いつの時代も変わらないと思います。

転職は、うまくいけば数百万円単位で収入を増やせる可能性があります。私も2回の転職を経験した上で、今のフリーランス（個人事業主）という働き方にめぐり合うことができました。自分に何が向いているかを探ることができたので、転職にチャレンジしたことは正解だったと思っています。

現在のお勤め先が競合企業の多い業界に属している場合は、**より企業規模が大きな企業への転職が収入アップにつながる可能性があります。**ただし、企業の規模だけでなく、その会社で自分ができることや、社風、成長する機会が得られるかどうかも、エントリーをする前によく調べておきましょう。ネットで「企業名　社風」などと検索してみると、現役社員や退職した人の口コミが見られるサイトがヒットすることがあります。貴重な生の声なので、目を通しておくといいですね。

転職することでブラック企業を脱出したり、収入アップに成功したりするケースはいくらでもあります。しかし、転職をして後悔する人も少なくありません。現在のお勤め先への不満から転職をする場合、転職先でもその不満が解消されないこともあり得ます。実際に転職をしてみないと分からないことがあまりにも多くて、人間関係がうまくいくか、残業時間は長くないかなど、リスク面もいろいろ気になってしまいますね。仮に転職して失敗したと思った時に、短期間で再転職をするのは職歴が多くなってよくないという考え方もあります。**他の2つの選択肢よりも慎重さが求められる分、うまくいった時の見返りが大きいのが転職**だといえるでしょう。

まずは今のお勤め先でできる、収入アップや人間関係の改善、成長するための取り組みを試した上で、転職を検討することをおすすめします。

転職は人生の大きな決断です。**情報収集と自己分析を十分に行って、慎重に、そして前向きにチャレンジしてみてください。**

リスクなしで収入をもらえる先が増える「副業」

新型コロナウイルス感染症が拡大する前と後で、副業に興味を持つ人は大きく増えました。コロナ禍が原因で失業する人が増え、お金についての不安が広がった結果、副業に興味を持つ人がとても多い時代になったのです。

本業以外に副業で収入を得る場合は、働き方によって2つの立場に分かれます。たとえば副業としてカフェで働く場合は、「アルバイト」として雇用される立場になります。これが自分でジュエリーを作ってネットショップで販売するような副業になると、立場は「個人事業主」になります。

アルバイトは職場で求められたことをする働き方ですが、**個人事業主として働く場合の多くは、自分が持っているスキルを役立てる働き方**になることが多いです。個人事業主は誰かが自動的に仕事を割り振ってくれるわけではないので、お客様に対して売り込みをして仕事を発注してもらったり、自分の商品を買ってもらったりする働き方になります。ですから、個人事業主は自然と、自分の得意なことやセールスポイント、強みといった「スキル推し」で営業することになるのです。

副業で行う仕事を選ぶ際に重要なのは、**「流行に乗らない」**ことです。たとえば近年ではウェブデザインなど、たくさんの人が取り組んでいて人気だからといって、自分も簡単にできるだろうと考えるのは避けたほうがいいでしょう。楽しそうに見える仕事でも、実際にはその人の得意な分野に合っているからこそ成功しているということが多いのです。**自分が得意とする分野や自信のある分野で副業を始めることが、もっともリスクが低い選択です。**また、自分の好きなことや、本当にやりたいことに基づいて始めると、工夫や努力をしやすくなり、成功の可能性も高まります。

副業を選ぶ際には、次の3つの要素が交わる部分を意識しましょう。

①誰かの役に立てること
②やりたいことや興味があること
③得意なスキル

人の役に立つ仕事を選ぶことで、「社会や人に貢献している」というやりがいを得ることができます。人の役に立つことで築かれる信頼関係は、リピート依頼や紹介などにつながり、持続的に仕事を行う基盤を作ることができます。

自分のやりたいことや興味を持つ分野で働くことは、仕事のモチベーションを高める重要な要素となります。人は自分が関心を持つことに対して学び続ける姿勢を持ちやすく、その結果としてスキルが自然と向上します。好きなことを仕事にすることで、日々の充実感が増すと思います。

また、自分の得意なスキルを活かすことで、成果を上げやすくなります。成功体験を積むことで自信がつき、さらに上を目指そうという気持ちが芽生え、好循環が生まれます。

これらの3つの要素が交わる仕事選びができると、やりがいや充実感を持ちながら収入を増やしていくことができます。

たとえば、モーニングコール代行といった珍しい副業があります。朝起きられない人の役に立つことができ、もしあなたが人とコミュニケーションを取ることが好きで、朝起きるのが得意であれば、この副業は適していると考えられます。

このように、自分独自の興味や得意を生かした仕事を選んでいきましょう。

個人事業主が自分のスキルを営業する場合、よく利用されるのが「**クラウドソーシング**」というサービスです。大手サイトには「クラウドワークス」や「ランサーズ」などがあり、「表計算ソフトのエクセルが得意な人にオリジナルのシートを作ってほしい」「企業のSNS発信の投稿作成を手伝ってほしい」というような募集が多いサイトです。仕事の募集に応募するだけでなく、自分にできることとその料金を公開して、依頼を受ける形で仕事を得ることもできます。副業をスタートしたら、**まずはクラウドソーシングを利用して、小さい仕事から獲得していきましょう。**小さな仕事の一つひとつが実績の積み重ねとなり、先々の大きな仕事へとつながります。

副業には2つの大きな利点があります。

1つ目が、**複数の収入源を持つことで、勤務先の収入に依存しなくなる**点です。今の時代、業績が安定し、給与が確実に上がると保証された会社は存在しないため、収入源を分散させることは重要です。

2つ目が、**リスクなしで取り組める**ことです。お勤め先と同じ業界で、仕事で身につけたスキルを生かして始めてみるのもいいし、全く違う業界にチャレンジしてみることもできます。それでうまくいけば続ければいいし、うまくいかなかったらやめればいいだけです。お勤め先から得る収入はそのままで、収入アップを図れるのは大きなメリットです。

もっと知りたい「副業」の魅力

副業を始める時に知っておきたいこと

副業をしたいと思った時は、最初に今のお勤め先の規定をチェックします。企業が従業員に対して、労働条件や職場内の規律などを定めた「就業規則」はどの会社にも必ずあるので、**副業禁止の規定がないかどうかを確認**しましょう。就業規則で副業が禁止されているのに、副業をしていることが発覚した時には、罰として減給されたり、最悪の場合は解雇、つまりクビになる場合もあります！　発覚したらその時は本業をやめる、というくらいの覚悟があるなら止めませんが、そうでない人は規則を守って副業を行いましょう。

副業による所得（収入から必要経費を差し引いた金額）が年間で20万円を超える場合は、

「確定申告」を毎年行う必要があります。確定申告というのは、収入と経費を記録した書面を作成して、その年に支払う税金と社会保険料を確定させるための手続きです。

お勤めの方は、年末調整の書類を提出して確定申告を省略している人がほとんどだと思います。収入を得る先が1つなら年末調整で済むのですが、副業で収入を得る先が複数になる場合は、確定申告をしなければなりません。確定申告をし忘れてしまった場合、その多くが「脱税」になってしまいます。税務調査が入って、納税と罰金（追徴金）を求められる可能性があるので、確定申告が必要な人は必ず行いましょう。詳しくはChapter6で説明します。確定申告の作業自体は、ネット上の会計アプリで簡単にできるので、難しいのではと心配しなくても大丈夫です。

住民税は他の所得と合算して税額が計算されることとなりますので、給与所得以外の所得がある場合には、所得の多寡にかかわらず市区町村へ申告しなければなりません。

副業が順調に進むと、収入が増えてきますが、その増えた収入も含めて家計をきちんと管理しなければ、副業の意味が薄れてしまいます。また、副業が忙しくなりすぎて、睡眠不足や休息不足になってしまうと、健康を損なう恐れがあります。本来、副業は将来の生活を豊かにするためのものなので、体調を崩してしまっては本末転倒です。副業が忙しくなることは、ある意味で「嬉しい悲鳴」ともいえますが、それでも副業の目的を忘れずに、**お金と健康のバランスをしっかりと取る**ことが大切です。

副業を成功させてくれるのは「人」です

副業を始める時の目標として、まずは**「月5万円」の収入**を目指してみましょう。もちろん副業の内容によって収入のレベルは異なりますが、初めて副業にチャレンジする方には目指しやすい金額で、努力すればそれほど時間はかからないと思います。私が副業を始めた際は、平日の帰宅後数時間と、土日のいずれか1日は必ず副業に取り組んでいました。振り返ると、あの時はかなり努力していたと思います。簡単に稼げることはほとんどありません。

私が仕事を得られたのは、周囲の人々に恵まれたおかげです。私は朝活コミュニティなど、所属していた複数のコミュニティのメンバーから仕事を受け、それが広がって現在までつながっています。**仕事は人によって生まれるもの**であり、今でも人とのつながりを大切にしています。

中には1人でできる仕事を望む方もいるかもしれませんが、それはあまり現実的ではないと思います。仕事は人が困っていることを解決するもので、お金はその解決への感謝の対価であり、他の人が困っているからこそ、仕事が生まれると私は考えています。そのため、あなたを頼ってくれる人や、困っている人とつなげてくれる人、あなたが役立てる場面を提供してくれる人とのつながりが、仕事を始めるためのカギとなります。私の場合は、ウェブデザインスクールの卒業生やＳＮＳで発信している知り合い、学生時代の友人や以前の職場の知り合いなど、広い意味での仲間たちとの関係を大切にしていたことで、仕事をいただくことができたと考えています。

とはいっても、属しているコミュニティが多くない方もいますよね。そのような場合の私のおすすめは、**求職マッチングサービスの「Ｗａｎｔｅｄｌｙ」**です。Ｗａｎｔｅｄｌｙの特徴は、事業やプロジェクト単位で仕事のマッチングができる点です。クラウドワークスだと単発仕事の募集が多いのですが、Ｗａｎｔｅｄｌｙは業務委託の形態で、ある程度の期間、固定収入が得られる求人が多いのです。

また、**副業を始めたことを身近な友人に知らせることも意外と重要です**。直接の知り合いでなくても、知り合いを通じて仕事につながることがよくあります。知り合いの仕事で得た実績は、次の仕事の営業活動に役立てることができます。

「独立」という働き方。個人事業主ってこんな感じ

副業が軌道に乗った時には、場合によっては副業を本業にしようと考える人もいると思います。私はまさにこのタイプでした。ご参考までに、副業からの独立、つまり個人事業主として独り立ちする働き方についてお伝えします。

個人事業主で働くことの最大のメリットは「**自由度が高い**」ことです。この自由度とは、会社勤めと比べて、いろいろなことが自分の思うようにできるという意味です。

まず、自分の能力や働き方次第で、収入の上限はありません。成功して数千万、あるいは億を稼ぐ個人事業主もいるでしょう。

定年がないので、仕事があって働きたいと思えばいつまでも働くことができます。時間や場所、仕事内容を人に決められることもないので、自分の好きな物事で収入を得ることができます。趣味や家庭を大事にしたければ、仕事時間をほどほどに抑えて充実した生活を楽しむことも問題ありません。個人事業主は何もかもが自由なのです。

とはいえ、個人事業主にデメリットがないわけではありません。そもそも仕事を獲得したり、自ら作り出したりできなければ、収入は得られません。退職金もないので公的制度

を利用して自分で積み立てなければなりませんし、厚生年金が利用できないので、年金も自分で積み立てる必要があります。雇用保険や労災保険、傷病手当金もなく、健康保険もお勤めの方に比べると少し手薄です。女性にとっては出産手当金や育児休業給付金がないのも、デメリットとしては小さくありません。

このように、個人事業主は自由を満喫できる分、デメリットもあります。とはいえ仕事を頑張って稼ぐのはもちろん、税金の申告や投資などの知識を身につけてうまくやりくりしていけば大丈夫だと、私は思います。自立しているという満足感を持って、自由に稼いでいけるのが個人事業主という働き方です。

次の3点に目途が立てば、副業から独立に踏み出すいいタイミングが来たといえると思います。

①この先の収入の見通しが立つ
②必要な知識を身につけている
③副業を本業にして頑張りたいと強く思う

①の収入の見通しは、**継続的に発注してくれるお客様を複数確保できたり、毎月コンスタントに売上の見込みが立つようになっていたりすれば十分**です。それでも怖いと慎重に

なる人もいると思いますが、もしダメだったら、また就職活動をすれば大丈夫です。

失敗を強く恐れる保守的な人は、会社員として働くほうが向いているかもしれません。失敗した場合に別の方法を考え、最悪の場合にはやり直せばいいと楽観的に考えられる人ほど、個人事業主が向いています。

②の必要な知識があることも大事です。個人事業主を続けていくためには、**確定申告などの税金関係の知識や、社会保険などの知識が必要**で、今まで会社が代わりに行ってくれていた部分を自分でやっていく必要があります。

③の気持ちの部分は、今の収入があるなしではなく、**自分のやりたいことに時間と労力をすべてかけたい、フルベットしたいと思うのであれば、その時が独立のタイミング**だということです。強い気持ちこそが、うまくいくための努力や創意工夫につながります。ただし、収入の見通しが立つ前の独立であれば、収入がなくなることは現実的な問題です。どれだけ熱意があったとしても、たとえば半年分の生活費など、**生活防衛費を確保しておくことはマスト**と考えてください。

会社に所属して決められた仕事をするのではなく、自分のやりたいことでお金を稼ぎたいと考えている方は、独立に向けて貯金と自己投資をしっかり行い、スキルや仕事の獲得方法を着実に身につけていきましょう。

自分らしいスキルの磨き方

「資格を取ること」が自己投資とは限りません！

仕事のレベルを上げて収入をアップさせることを望む場合、業務時間外にも自分の能力を磨く「自己投資」をおすすめします。

スキルアップというと、人は他人にも自分にも努力を証明できるものを求めるので、「とりあえず資格を取得しなければ」という方向に気持ちが向く人が多いのです。資格が能力を証明してくれて、収入アップにつながることを期待しがちなのですが、私が自己投資から副業、独立と経てきた実感として、資格はあまり関係ないと思います。やはり一番**大事なのは実績**です。

私はＦＰの資格を持っています。でも、ＦＰの資格を持っていたから副業ができたわけではありません。ウェブデザインの副業をしていた時も、お客様は私の資格ではなく、実績やそれまでの作品を見て仕事を依頼してくれました。私自身が営業代行というお仕事を依頼する時も、過去の経験や持っているノウハウ、そして具体的な成果を重視しました。資格を持っていることを知っても、それが仕事をお任せする直接の決め手にはなりませんでした。

私は自己投資にはお金と時間をかけてきましたが、今まで行った自己投資のすべてが身になったわけではありません。後になってみれば意味がなかったかもしれないなと思うものもありましたが、それでも、自己投資した上に今の自分があるということは確信しています。

私が自己投資をする一番の理由は、**最短で結果を出すため**です。自己投資は、仕事や「稼ぐ」という場面において、**自分をいかに成長させていくか**という文脈で考えるものだと思っています。

私が最初にした自己投資は、パソコンの購入でした。ウェブデザインの副業をするために、25歳の時に買ったのです。思ったよりも高かったので、ウェブデザインの勉強は、最初の半年くらいは独学で頑張っていました。でも、自分で調べながら身につけていくのはすごく難しいし、あまりにも時間がかかりすぎるので、ウェブデザインスクールに入りました。スクールには専用の教材が豊富にありますし、先生から直接教えてもらえるので、成長のスピードがずいぶん上がったと思います。結果、独学を続けるよりも速く、仕事の案件獲得にたどり着けました。

自己投資にかかったお金は、その後の営業努力次第で何倍にもなって返ってきます。案件を1つ獲得できると、それが実績となったり、別の顧客を紹介してもらえたりして、新しいお仕事につながっていくことはよくあります。そんなふうに物事がポジティブに回り始めたので、無理をして入ったスクール代も早い段階でペイできました。**自分を成長させるための時間を節約するために支払うお金は、決してムダにはなりません。**

また、**「お金を生みそうなものにはお金を使う」**ことを意識しています。私は、**使うお金より得られるメリットのほうが大きいものには、遠慮なくお金を使う**ようにしています。たとえばパソコンは仕事で絶対使うので、壊れそうな兆候があったらすぐに買い換えています。スマホにしても、カメラの画質がSNSの発信という自分の仕事に直結しているので、なるべく新しい機種を買っています。お勧めの方だったら、会社で昇進するための資格勉強の参考書は、合格してお給料が上がれば代金の数十倍の価値がありますよね。

自分が今までにしてきた「人生の選択」を振り返る

自己投資をして資格を取得したい、新しいことに挑戦したいという意欲に溢れた方は多いですが、逆にやりたいことが多すぎて、結局何をすればいいのか分からないという方も多いです。たとえば、ウェブデザインの勉強をしてみたい、だけどSNS運用もしてみたいなど、さまざまなことに興味を持ちながらも、最終的にどれにするか決められずに時間が過ぎてしまう……というケースです。

そのような方は、**自分が実際に学んだり、仕事にしたりしているところを想像することが大事です。**興味のある分野の勉強をした場合、**どのような仕事の形態や働き方（収入や働く時間など）を目指すのか、その勉強にはどれくらいの時間やお金がかかるのか、自分の得意は生かせるのか、それをライフプランに落とし込んで具体的に考えてみてください。**こうした具体的なイメージを持つことで、本当に自分がその勉強や仕事をしたいのかが見えてくるはずです。

また、**自分が今までにしてきた「人生の選択」を振り返ることも、やりたいことを考えるヒントになります。**たとえば、なぜその高校を選んだのか。大学や仕事の志望理由。現在の職場や業界はどういう考えで決めたのか。このような**過去にした選択の基準を考えることで、自分が何に価値を置いているのかが分かります。**

たとえば、人に尽くすことが好き、勉強や資格取得など目に見える成果があると頑張れる、自分の成長できる環境が大事、もしくは安定を重視する、など、人の努力や選択の背景にはその人なりの趣味趣向があります。

自分の性格をよく知って、選択の目的をはっきりさせた上で、現実的な自己投資の計画を立てていくことが大切です。

COLUMN 5

私が副業を始めてから独立するまで

実は、私が今こうしてお金のことをお伝えすることができているのも、副業を始めたのがきっかけです。

私が会社に勤めていた時の話です。コロナの影響で、なんとボーナスが半額になってしまいました。転職して間もなかったこともあり、「転職に失敗したかもしれない」と、つらい思いをしました。とはいえ、その会社の仕事は楽だったので、すぐにやめたくはなかったのです。そこで、自分でもう一つ収入の柱を立てれば勤め先に依存しなくて済むと考えて、副業を意識するようになりました。

まずは、ウェブデザインのスクールに通い始めたのですが、実際に仕事にしたら、細かさを求められる点が自分にはすごく大変で……。そんな時、趣味で楽しんでいたSNSの発信が、思いがけず副業につながりました。商品の紹介や、運用代行など、自分の好きなことを発信するのは楽しいし、見せ方ややり方を工夫することで反応が増えることにやりがいを感じました。クリエイティブに発想していくSNSの発信が自分に合っていることが実感でき、副業の方向性が定まったのです。

それでも、やはり私には、お金の相談に乗る仕事がしたいという思いがありました。銀行で働いていた際、楽しくやりがいを感じていて、天職だと思っていたからです。もう一度、お金について勉強して独立系FPを目指そうと思い、マネースクールに入会しました。同時に、SNSでフォローしてくれる方々が増えてきて、実際に相談を受けたり、企業との業務委託での副業をしたりしておりました。

その後、お金の勉強講座「I am」を開講し、企業でのセミナーの依頼が増えてきて、副業から独立までスムーズにつながる、理想的な流れだったと思います。

Chapter

6

【守る】
人生のために知っておきたい
制度・保険

稼いで、貯めて、増やしたお金を守るにはどうしたらいいですか？
控除などの制度や税金、保険の知識をつけましょう！

意外と知らない税金と社会保険料の話

給与明細を見たら「1年でこんなに税金払ってるの!?」

普段の生活の中で、自分が支払っている「税金」について考えるタイミングって、どれくらいありますか?

私たちが納めている税金のほとんどは、普段から意識して払っていることはあまりないですよね。自営業やフリーランスの方は別ですが、会社員の場合は、毎月のお給料やボーナスから気づかないうちに税金が引かれています。多くの人は「なんとなくたくさん引かれてるな」という感覚ではないでしょうか。

そして、年末調整でお金が戻ってくると「ちょっと得したな」と感じるかもしれませんが、実際には前払いした税金から余剰分が返ってきただけなのです。

私たちが得る多くの収入や利益、そしてお買い物などの支払いにも税金がかかっています。

まず、毎月のお給料やボーナスからは所得税と住民税が引かれています。フリマアプリでたくさん物を売ればその利益に、そして株式投資をして配当をもらったり利益が出たりした時にも、所得税と住民税がかかります。自家用車を持っている人は自動車税やガソリン税を負担していますし、家をお持ちの方は固定資産税を納めています。

そして、日々の支払いでもスーパーやコンビニでお買い物をしたり、レストランで外食をしたりするたびに、8～10％の消費税がかかっています。

こうやって並べてみると、国が意図的に、国民が自分で税金を現金で支払ったり振り込んだりする場面を少なくして、文句が出ないようにしているのでは？　と思えるくらい、私たちの日々の生活に税金は溶け込んでいるのです。

私たちはこれほど多くの税金に取り囲まれて生活しているわけですから、自分が納めている税金の種類と大まかな金額、そして税負担をなるべく少なくする「節税」の方法は、ぜひとも知っておいてもらいたいところです。これから一緒に確認していきましょう！

自分が支払っている税金を知るためのファーストステップとして、**最初に「給与明細」を見てみましょう。**

あなたが1カ月頑張って稼いだお給料から、「**所得税**」と「**住民税**」が引かれています。これに加えて、「厚生年金保険」「健康保険」「雇用保険」「労災保険」（40歳以上の人は追加で「介護保険」）などの「**社会保険料**」が引かれています。

社会保険料は、税金ではありません。支払っている人（被保険者）の収入がなくなったり、病気やケガで働けなくなったりした時に支援をするために、その資金を皆で備えておくための保険料です。とはいっても、強制的にお給料から引かれるという意味で、実際の負担感は税金と変わりません。

特に会社にお勤めの方は、自分が毎月いくら税金を払っているか知らない人はとても多いです。そこで、毎月給与明細をきちんと確認するクセをつけると、こんなに引かれているんだ……と軽くショックを受ける人もいます。

給与明細を1年分さかのぼってみれば、自分が年間でどれだけ所得税と住民税を納めているかが分かります。きっと、自分はこんなに大きい金額を負担していて、それが住んでいる市区町村や国を経由して世の中を支えているんだと社会が身近に感じられるようになると思います。受講生の中には、税金について知ったことで、これからは選挙に行って税金を有効活用してくれそうな人に投票しようと思ったという方もいました。

実際に、税金は私たちの生活ととても深い関わりがあります。警察や学校を運営するための資金は税金から出ていますし、ごみの収集や道路の整備といった公共サービスも税金が使われます。私たちが病気になり、高額の治療を受けた時には、高額療養費制度によって税金から医療費が還付されます。私たちが負担している税金によって、社会が成り立っているのです。

国が徴収する税金（国税）は、所得税や法人税、消費税をはじめとして、およそ50種類ほどあるといわれています。この税金によってまかなわれている国の支出は、約3割が医療や介護、年金給付の補塡といった社会保障関係費にあてられます。あとは道路整備や教育、科学技術の発展、防衛費など使い道はさまざまです。全国市町村の運営に使われる地方交付税交付金や、国の借金にあたる国債の利払いも、税金が利用されています。

給与明細に載っていない税金では、自動車を持っている方は自動車税、家をお持ちの方は固定資産税を納めています。納税の書類が届いたら、ただ納めるだけでなく、その税金について少し調べてみると案外面白いです。たとえば自動車税だったら、普通車より軽自動車のほうが税率が低いので、長距離ドライブをあまりしないから、次に買い替える時には軽自動車でもいいかな？　と、より適切なお金の使い方を考えるきっかけにもなります。こんなふうに、より賢くお得に生活するための工夫が、税金について知ることから始まることもあるのです。

稼いだお金にかかる「所得税」の計算の仕方

私たちがもっとも多く支払っている税金の一つが「所得税」です。所得税は、収入から必要経費や所得控除を引いた「所得」に対して、決められた税率をかけて計算されます。

所得税の税率は、所得の金額によって変わります。所得が高い人ほど税率が高くなる「累進課税」という仕組みによって、所得が高くなるほど納める税金の額が大きくなっており、フルタイムで働いている人は、だいたい税率10〜40％の間に収まります。

これは、単純に皆同じ税率という形での公平さではなく、「稼ぐ力＝税金を納める能力（担税力）」と考えて、それに見合った負担をしてもらうという考え方による設定です。

実際には、こうした計算はすべてお勤め先が代行してくれているので、自分で行う必要はありません。月々のお給料から所得税はすでに引かれていて、この作業を「**源泉徴収**」といいます。年末調整は、この源泉徴収された所得税と、実際に納めるべき所得税との差を調整する手続きなのです。

個人事業主の方は、日々の売上やかかった経費を記録しておき、確定申告のタイミングで差し引きの計算をします。お住まいの市区町村に確定申告書を提出すれば、所得税額が確定します。

所得には、収入の種類に応じたさまざまな区分があります。特に多くの人に関係するのは次の7つです。

- 給与所得：勤務先から支払われる給料から給与所得控除を引いたもの
- 事業所得：個人事業主が仕事で得た売上から経費を引いたもの、副業の収入
- 利子所得：預貯金の利子など
- 配当所得：株式の配当など
- 不動産所得：不動産（建物や土地）の貸付など
- 譲渡所得：不動産や株式などを売った時に、購入代金と経費の合計より売却代金が大きかった時の利益
- 雑所得：公的年金、フリマアプリ、クラウドファンディングで得た利益、講演料、原稿料などの収入、暗号資産での利益

地域の行政サービスを支える「住民税」

住民税は、お住まいの市区町村と都道府県に納める税金です。

義務教育や福祉、消防・救急、ゴミ処理といった、私たちの生活に欠かせない行政サービスの多くは、市区町村や都道府県などの地方自治体によって提供されています。こうしたサービスをまかなうためのお金が住民税です。

住民税は、課税所得金額に10%をかけて計算します。お勤めの方は、お住まいの地方自治体への課税所得金額の申告から、住民税の支払いまで勤務先がやってくれるので、所得税と同じように、あまり気にすることはないでしょう。個人事業主の方は確定申告をすると地方自治体がその内容に基づいて住民税を計算し、納付書が送られてきます。

お勤め先の許可を取って副業をしている場合は、確定申告をする時に住民税の徴収方法を「特別徴収」にすると、お勤め先の収入と合わせて住民税を納めてくれるので、自分で納付する手間が省けます。

「扶養」という言葉の意味、実は2つあります

所得税と社会保険料を計算する時に、「扶養」という言葉がよく出てきます。扶養とは、お金の面で独立して生活することが難しい家族を助け、養うことです。子どもや働くことができない家族、年金収入がない高齢家族を養っている場合、この人たちが扶養家族になります。

扶養という言葉は、所得税に関連する場合と社会保険に関連する場合で、言葉の意味が

違います。両方を理解しておきましょう。

所得税に関連する扶養とは、家計を主に支える人が税金の控除を受けられることをいいます。扶養家族がいると、所得税を計算する時に「**配偶者控除**」「**配偶者特別控除**」「**扶養控除**」を受けられる場合があり、所得税の負担が少なくなります。

配偶者控除や配偶者特別控除を受けるには、扶養される人（配偶者）は何もしなくてもOKです。扶養する人（納税者）は、年末調整や確定申告をする時に、配偶者の所得金額を記入します。すると、納税者と配偶者の合計所得金額をもとに配偶者（特別）控除額が決定され、納税者の所得税額が決まります。

社会保険に関する扶養とは、家計を主に支える人の勤め先の健康保険や、厚生年金の恩恵を受けられることをいいます。ただし、その年の年収見込み額が130万円未満（60歳以上または障害年金を受け取れる障害者の場合は180万円未満）、そして扶養される人の年収が、扶養する人の年収の2分の1未満という条件があります。

扶養される人の年収が130万円未満の場合、扶養する人が会社員であれば、社会保険（健康保険）に加入しているので、収入の少ない家族を扶養に入れることができます。扶養家族は健康保険料を支払う必要がなく、健康保険を利用できます。これに対して、扶養する人が個人事業主である場合は、加入している国民健康保険には扶養という制度がありません。収入の少ない家族の分も、国民健康保険料を負担する必要があります。

扶養によって税金の控除を受ける場合は、お勤めの方は年末調整で配偶者の所得を記入します。社会保険については、勤務先が加入している健康保険組合で、扶養に入れる手続きをします。

税金と社会保険のどちらについても、事情によっては扶養に入れない場合があります。扶養家族を養う、または扶養に入ることを考えている人は、必ず事前に自分が条件に当てはまるかどうかを調べましょう。

会社員でも知っておきたい「確定申告」

確定申告は、主に事業をしている人が、所得税を計算して申告をする手続きです。売上と必要経費、税制で定められた控除を足し引きして事業の利益を求めると、所得税の税率と税額が決まります。

給与所得がある人のほとんどは確定申告をする必要はありませんが、お勤めの方でも、次のような場合には確定申告をする必要が出てきます。今時は副業や投資で副収入を得るようになり、確定申告をしている会社員は珍しくありません。この機会に知っておくのもいいと思います。

副業がうまくいくようになると、確定申告をする必要があります。**会社に雇われずに副業で得る収入は「事業所得」となり、20万円以上の収入を得たら確定申告をする必要があります。**副業でアルバイトをしている場合は、本業と副業を合計して給与所得を計算する必要があるため、やはり場合によっては確定申告が必要となります。

住宅を購入して、住宅ローンの残額に応じて所得税を軽減できる「住宅ローン減税」を利用する人（1年目のみ）や、給与収入が２０００万円を超えている人、副業の所得が20万円を超える人などは、確定申告をする必要があります。

個人事業主など自分で事業を行っている人は、所得から所得控除を引いた額が0円以上の場合は確定申告が必要です。つまり、事業の収支が赤字になった場合は確定申告をする必要はありません。とはいえ、事業の赤字を翌年以降に繰り越して黒字と足し引きして節税することができますし、すでに売上から引かれている源泉所得税の還付を受けられる場合があるので、確定申告をしたほうがお得になることもよくあります。もちろん、事業が軌道に乗れば確定申告は必須です。

不動産収入がある人、株の譲渡益（売却益）がある人も、利益が20万円を超える場合は確定申告をする必要があります。ただし、株の譲渡益は証券会社が税金の計算と納付を代行してくれる「特定口座源泉徴収あり」を利用すると、確定申告は不要になります。今話題の「ＮＩＳＡ口座」で投資をしている人は、ＮＩＳＡ口座で得た利益は税金を納める必要がないので、確定申告をしなくても大丈夫です。

公的年金などの収入が４００万円を超える人や、公的年金に加えてアルバイトなど年金以外の所得が20万円を超える人も、確定申告が必要です。最後に、医療費控除やふるさと納税（ワンストップ特例制度を使わない場合）を利用する人は、確定申告をすることによって制度が利用できます。

節税のため積極的に使いたい「所得控除」

納税者それぞれの事情を所得税の計算に反映させるために、収入に足し引きする「所得控除」という仕組みがあります。

たとえば医療費が多くかかった人は、医療費控除を使って課税所得を減らすことができます。課税所得とは、所得税を計算するもとになる所得金額のことです。

15種類ある所得控除を、次の表にまとめたので見てみてください。

所得控除の種類と控除内容

種類	控除の内容
社会保険料控除	健康保険料や国民年金保険料などの金額
小規模企業共済等掛金控除	小規模企業共済の掛金、iDeCoの掛金などの金額
生命保険料控除	生命保険や介護医療保険、個人年金保険の保険料から計算(最大12万円)
地震保険料控除	地震保険料の金額(最大5万円)
ひとり親控除	シングルマザーやシングルファザーに適用(一律35万円)
勤労学生控除	納税者自身が勤労学生で要件を満たす場合(27万円)
寡婦控除	その年の12月31日時点で「ひとり親」に該当しない寡婦に適用(27万円)
障害者控除	納税者自身や扶養家族などが障害者で要件を満たす場合(27万円、40万円、75万円)
配偶者控除・配偶者特別控除	納税者自身の所得と配偶者の所得に応じて適用。一般的には最大38万円
扶養控除	年収の少ない家族を扶養している場合、扶養家族の年齢などによって38〜63万円
基礎控除	合計所得金額が2,500万円以下の場合(最大48万円)
雑損控除	家や家財、現金などが災害・盗難・横領にあった時に対象となる。詐欺被害は対象外
医療費控除	家族の医療費合計の10万円または総所得金額などが200万円未満の人は5%を超える金額
寄附金控除	ふるさと納税や、日本赤十字社など一定の機関に寄付した金額のうち2,000円を超えた部分

4つの柱からなる社会保障制度

私たちの生活を守る公的保険制度

当たり前のことになっていて気づきにくいのですが、私たちが毎月生活していけるのは、**公的な保険制度が日々の生活に潜んでいるリスクを、お金の面でカバーしてくれている**からです。たとえば、病気やケガ、会社の倒産による失業や老後の生活資金まで、誰にも頼れずすべてを自分のお給料から備えていかなければならないとしたら……、コンビニスイーツ1つ買うのも、考え込んでしまうと思いませんか？　楽しいことやプチ贅沢なんて何もできず、超節約生活をしてお金を貯めないといけなくなってしまいますよね。

病気やケガになったら医療費の保険負担、会社が倒産した時は失業給付、そして老後の生活費は年金が支援してくれます。**働く人全員から薄く広くお金を集めて、支援が必要に**

なった人にお金を支払うことで、社会全体でリスクを分担するのが、公的な保険制度です。社会保障制度とも呼ばれ、国や地方自治体が運営を担当しています。

社会保障制度は、「**社会保険**」「**社会福祉**」「**公的扶助**」「**公衆衛生**」の4つの柱から成り立っています。

社会保険とは、私たちが病気やケガなどを負った時に支援をしてくれる制度です。**健康保険、介護保険、年金保険、労働保険（労災保険、雇用保険）**と、4種の保険があります。

社会福祉とは、障害を負った人やひとり親家庭など、ハンディキャップを負っている人を支援する制度で、さまざまな給付があります。

公的扶助とは、仕事やお金がなく生活に困っている人に最低限の生活ができるよう支援し、自立を助ける制度です。生活福祉資金貸付制度や生活保護など、最後のセーフティネットの役割を持っています。

公衆衛生とは、人々が健康に生活できるような対策や環境整備を行うことです。新型コロナウイルス感染症が大流行した時、地域の保健所がコロナ対策の先頭に立ってくれていたことは、テレビやネットニュースでもよく報道されていました。

このような社会保障制度について、知っておかないと損する大事なところを、コンパクトにお伝えしていきます。

「社会保険」をちゃんと説明できる？

社会保険は、加入資格のある人は強制加入となる保険制度です。２０２４年10月から適用の範囲が拡大されたので、今まで適用外だった方も要チェックです。保険料を支払わなければ、財産の差し押さえなどの罰則に加え、病気やケガ、失業などにあっても支援を受けることはできません。先ほどお伝えした通り、社会保険には健康保険、年金保険、労働保険、介護保険の４種類があります。

健康保険は、病気やケガで治療が必要になった時に、医療費の一部をカバーしてくれる保険です。保険料を納めていれば、かかった治療費のうち7割が健康保険でまかなわれ、自己負担は３割だけで済みます。お勤めの人は、勤務先を通じて自動的に健康保険に加入しています。個人事業主の方は自分で国民健康保険に加入し、保険料を支払う必要があります。

子どもが生まれた時にもらえる**出産育児一時金**や、病気やケガの治療費が高額になった時に、所得に応じて定められた上限以上の金額を本人に代わって国が負担してくれる「**高額療養費制度**」も、健康保険に加入していないと利用できません。

配偶者（夫や妻）が主な収入を稼いでいて、本人はパートやアルバイトで働いている場合、あえて働く時間を抑えて収入を低くすることで、健康保険料の支払いを避ける方法があります。よくいわれている「**106万円の壁**」は、この額を超えるとパート・アルバイト先で社会保険（健康保険・厚生年金保険）に加入する必要が出てきて、お給料の手取り額が減ってしまうため、この額以上は働かないようにするものです。この先に「130万円の壁」もあり、勤務先の事情や本人が学生だったため106万円が壁にならなかった人も、年収が130万円を超えると、自分で社会保険に加入することが義務となります。

ここで、年収による「壁」をまとめておきます。お勤め先の従業員数や月額賃金などによって異なる場合がありますが、それぞれ、名前の額を超えた場合に起こることです。

- **100万円の壁：住民税が発生**
- **103万円の壁：所得税が発生。配偶者控除が受けられない**
- **106万円の壁：条件によって社会保険料が発生**
- **130万円の壁：所得税・住民税・社会保険料が発生**
- **150万円の壁：配偶者特別控除が満額受けられない**
- **201万円の壁：配偶者特別控除が受けられない**

「壁があるために労働時間を抑えているけれど、本当はもっと働ける」という人がいると思います。多く働けばそれだけ収入が増え、社会保険に加入することによって老後の年金も増えることは覚えておいた上で、家庭の事情も合わせて、壁を越えないメリット・デメリットをよく考えてみてください。

介護保険とは、介護が必要になった人に医療や介護サービスを提供するものです。**40歳以上の人は強制加入**となっています。お勤めの方は健康保険料と一緒に、自動的にお給料から引かれます。個人事業主の方も、国民健康保険と一緒に保険料を支払います。実際に介護保険から給付を受けることになった時に、不自由度がもっとも重い等級である「要介護５」と判定された場合、介護保険から給付を受けられるサービスの限度額は1カ月あたり36万２１７０円となります。驚きの手厚さですよね。介護保険料を納め始める40歳の時は、介護保険の意味が感じられない人は少なくないでしょう。でも、自分が将来これほどの支援を受けられると考えれば、納得して支払えるのではないでしょうか。

労働保険は、雇用保険と労災保険に分かれます。

雇用保険は、失業して次の就職先を探している時に、生活費の補填やスキルアップの支

援をしてくれます。お勤めの人は勤務先を通じて自動的に加入しており、個人事業主の人は加入することができません。

失業手当は、退職日前の2年間で雇用保険の加入期間が通算12カ月以上ある人が、ハローワークを通じて就職活動を行うと支給されます。支給額は、離職日直前6カ月の賃金日額の50〜80%です。会社都合による退職の場合、失業手当は求職手続きから7日後以降に支給が開始となります。自己都合でやめた人はさらに2カ月後からでないともらえませんでしたが、２０２５年4月から、給付が1カ月後からに短縮され、公共職業訓練などを受ければ7日後以降にすぐ受給することができるようになります。どちらも、失業手当がもらえる期間は離職翌日からの1年間です。

失業者のスキルアップを支援する制度として、**教育訓練給付金**があります。宅地建物取引士や、社会保険労務士、グラフィックデザイナー、インテリアコーディネーターなど、仕事に直結するさまざまな資格の講座が対象になっており、教育訓練経費の20〜80%が支給されます。厚生労働省が、ネット上で「教育訓練給付制度検索システム」を運営しています。教育訓練を受けてみたい人は、手始めに検索してみてください。

育児休業給付金は、育児のために仕事をお休みしている期間中に、収入が途絶えてしまうのを補うために支給される手当です。対象となるのは、雇用保険に加入している方で、休業開始後の一定期間、給与の一部（最初の180日間は67％、以降は50％）が支給されます。支給は原則として子どもが1歳になるまでですが、保育所に入れないなどの事情があれば最長2歳まで延長できます。2025年4月1日より給付率が引き上げられ、両親ともに14日以上の育児休業を取得すると、合計80％（手取りで10割／最大28日間）の支給となる予定です。

労災保険は、仕事中や通勤中の労働災害によってケガをしてしまった時などに給付を受けることができます。労災保険指定の医療機関では、原則無償で治療を受けることができます。労災保険指定の医療機関以外で治療を受けた場合などは、いったん治療費を負担し、後で請求することにより、負担した費用の全額が支給されます。その他、**障害が残った時に支払われる「障害給付」**、**介護の費用が支払われる「介護給付」**、**本人が亡くなってしまった場合に遺族に給付される「遺族（補償）給付」**があります。

年金は「老後を支える」だけのものじゃありません！

私たちが老後、基本的には65歳を過ぎたら受け取ることができる年金が、正確には「年金保険」だということを知っていますか？

年金は誰でももらえるわけではなく、条件を満たすまで保険料を払い込んでいかなければ、もらえません。その代わり、払い込んだ保険料に見合った老後の給付は、必ず、死ぬまでもらえます。２０２４年の7月に、年金が破綻せず続けられるかどうかを点検した「財政検証」が発表され、日本の年金は今のところ、１００年後まで問題なく支払われる見込みになっています。安心して、年金を信頼して将来のプランを描いていきましょう。

公的年金保険には、**会社に所属していない人が加入する国民年金**と、**会社員や公務員が加入する厚生年金**があります。「人生１００年時代」を迎えつつある今、親世代よりも長くなる私たちの老後を支える重要な資金源として、公的年金はますます重要になっています。

国民年金の保険料は、月額1万６９８０円（令和6年）です。保険料を加入可能となる

20歳から60歳まで納めた場合、満額の年額約81万円（令和6年）を受け取ることができます。これが当初の10年を未納で過ごし、30歳から60歳までの納付となった場合、年額約60万円に減ってしまうことになります。そして、社会保険である国民年金は強制加入なので、保険料を全く払い込まない場合は、国に収入を差し押さえられてしまうかもしれません。保険料は確実に納めたほうがお得ですし、もし収入の都合で納められない場合は、保険料の猶予や免除の申請ができるので、お近くの年金事務所に相談してください。保険料の免除・猶予の承認を受けた期間は、10年以内に後から納付すれば、年金受給額を満額に近づけることもできます。

厚生年金の保険料は、**4〜6月のお給料の平均額を等級に当てはめた標準報酬月額に対して、誰でも一律の保険料率18・3%をかけて決まります。**国民年金の保険料は加入者本人が全額負担していますが、厚生年金保険料は勤務先との折半で支払われています。

また、厚生年金には扶養制度があり、**生計をともにする親族の収入が一定金額より少ない場合は、親族は保険料を支払う必要がありません。**ただし、老後の年金支給額は払い込んだ保険料に見合った金額となるため、「106万円の壁」「130万円の壁」を意識して労働時間を調整すると、老後の支給額も少なくなってしまう点には注意しましょう。

遺族年金

加入している公的年金	18歳未満の子ども	給付の種類
国民年金(個人事業主など)	あり	遺族基礎年金
	なし	なし
厚生年金(会社員・公務員)	あり	遺族基礎年金＋遺族厚生年金
	なし	遺族厚生年金

加入資格がある人は全員、国民年金または厚生年金に加入することになります。そして年金の支給を受ける時は自分の立場に合った種類の年金を受け取ることになります。支給される年金には次の3種類があります。

- **老齢年金：60歳以降の老後に受け取る**
- **障害年金：障害状態になった時に受け取る**
- **遺族年金：経済的な支えとなっていた家族を失った時に受け取る**

障害年金は老齢年金とは違って、20歳を過ぎていれば受給することができます。20〜65歳になる2日前までの申請が必要で、1〜3級の障害等級を認定されれば受け取れます。

遺族年金は、加入者が国民年金と厚生年金のどちらに加入していたかによって、受け取れる額が変わります。勤務先が保険料の半額を負担していること、収入が上がるにつれて保険料の金額が多くなっていることから、厚生年金のほうが総じて国民年金より保険料の金額が高く、その分遺族年金の支給が手厚くなっています。

会社員の夫が亡くなって妻と子ども2人が残された場合、夫の平均標準報酬月額（平均的な月収）が35万円だとすると、遺族年金は月額約15万円となります。

「老齢年金」は老後にもらえる年金

老齢年金は、原則として、65歳になった加入者に終身（亡くなるまで）支給されます。加入していた年金制度に応じて、老齢基礎年金と老齢厚生年金の2種類が支給されます。年金を受け取るためには、保険料を納付した期間と免除が認められた期間を合わせて10年以上という条件をクリアする必要があります。老齢厚生年金はこれにプラスして1カ月以上、厚生年金に加入している必要があります。

65歳到達時点で、その人に生計を維持されている65歳未満の配偶者または子どもがいて、一定の条件を満たす場合には、厚生年金に追加して「加給年金」を受け取ることができます。

老齢年金は、希望すれば65歳よりも前に繰り上げて受給を開始することができます。ただし、「60～65歳の間に繰り上げた月数×０・４％」分の年金額が減額されてしまいます。60歳になってすぐもらい始めた場合には「５年×12カ月×０・４％」分の減額となり、24％減となった年金額が生涯続くことになります。65歳からもらい始めた場合と比較すると、81歳になる年で繰り上げ受給した分は追いつかれ、それより長生きした分だけ65歳からもらい始めた人より生涯での年金受給額が少なくなっていくことは、覚えておきましょう。

また、老齢年金を65歳より後に繰り下げて受給すると、「65～75歳の間に繰り下げた月数×０・７％」の年金額が増額されます。70歳に繰り下げてもらい始めた場合には「５年×12カ月×０・７％」分の増額となり、42％増となった年金額が生涯続くことになります。65歳からもらい始めた場合と比較すると、82歳になる年で65歳からもらい始めた人に追いつき、それより長生きした分だけ、生涯での年金受給額が多くなっていきます。

最近では健康な高齢者が増え、70歳を過ぎても働く人が多くなっています。65歳以降も収入があり年金なしで生活できるようなら、繰り下げ受給を利用して、完全引退後の生活をより豊かにするのも選択肢に入ってきます。

将来もらえる年金額は、２つの方法で確認することができます。

毎年誕生月に届く「**ねんきん定期便**」には、その時点までの年金加入実績が記録されています。50歳以上の人は、それまでの加入実績を延長した年金の見込み額が書かれているので、将来の年金生活をイメージしやすいと思います。

ねんきん定期便の到着を待たなくても、日本年金機構が運営する「**ねんきんネット**」にアクセスすれば、その時点での加入記録や年金の見込み額をいつでも確認できます。ぜひアカウントを作成して、定期的に確認することをおすすめします！

もらえる年金額がイメージできたとして、残る問題は「老後の生活にはどれくらいのお金がかかるの？」ということですよね。老後のためにいくら準備したらいいのか、具体的に考えてみましょう。

必要な老後資金は、次の式でざっくりと計算することができます。

老後までに必要なお金＝退職後の生活資金総額－（年金受け取り総額＋退職金）

65歳で退職してから、95歳までの生活資金の総額は、「退職後の1カ月の支出×12カ月×30年」で計算します。たとえば、現在1カ月の生活費が20万円かかっている人は、退職後の支出が２割減ると想定して、「20万円×80％×12カ月×30年＝５７６０万円」必要となります。これはかなり大きな金額ですよね！

とはいえ、退職金や年金収入があることを考えれば、決して落ち込む必要はありません。標準報酬月額を30万円として、退職金と年金収入の総額が4000万円だとしたら、「5760万円－4000万円＝1760万円」が、老後までに自分で用意する必要がある金額となるわけです。この金額を65歳までにどうやって用意するかは、この本の家計管理や投資の説明を読み返していただければ分かるようになっています。

生活の助けになる「給付」を見逃さないで！

さまざまな給付を活用しよう

日本は想像以上に、国民を手厚く支援してくれる国です。私自身は再就職手当に助けられました。以前、３カ月の転職期間中に貯金を取り崩して生活していて、転職が決まって支給された35万円が本当に心強かったのを、今でも昨日のことのように思い出すことができます。

最低限、知っておいてほしい公的な給付を表にまとめました。この他にもお住まいの自治体によってさまざまな給付が用意されているので、必要に応じて問い合わせてください。

結婚・出産・育児

名称	いくらもらえる？	どんな人がもらえる？
結婚助成金（結婚新生活支援事業費補助金）（※）	夫婦の新居の**住居費や引っ越し費用の助成**などが受けられる	夫婦の合計所得が500万円以下、婚姻日において夫婦がともに39歳以下
妊婦検診費の助成（※）	妊娠中の**検診費用の一部助成**	妊婦（妊娠届出または申請が必要）
出産育児一時金	1人出産するごとに**50万円**	公的医療保険に加入しているか被扶養者になっている人
児童手当	児童1人につき**月額1万5,000円**または**1万円**。第3子以降は**月額3万円**	高校3年生までの子どもを持つ人（所得制限なし）
出産手当金	支給開始日以前12カ月間の標準報酬月額の平均額÷30日×2/3（1日あたり）	勤務先の健康保険加入者本人で産休を取る人
育児休業給付金	休業開始時賃金日額×支給日額×67％（180日までの場合）	雇用保険に1年以上加入していて育児休業を取る人
失業給付受給期間の延長	最大4年間に失業給付受給期間を延長できる	雇用保険に1年以上加入していて妊娠・出産退職し、復職の意思がある人
乳幼児医療費助成（※）	かかった**医療費の一部または全額無料**	健康保険に加入している乳幼児
医療費控除	**1年間の医療費から10万円（総所得金額200万円以下の者は総所得金額の5％）を引いて残った金額**。控除上限額は200万円	自己または自己と生計を一にする配偶者やその他の親族のために医療費を支払った場合において、その支払った医療費が一定額を超えた人
児童扶養手当（※）	子ども1人の場合最高**月4万5500円**	高校3年生までの子どもを育てているひとり親（所得制限あり）

（※）自治体による

子育て・教育・住宅

名称	いくらもらえる？	どんな人がもらえる？
子ども医療費助成(※)	保険診療の医療費について自己負担額を助成。独自の医療費助成制度を導入している自治体も多い	健康保険に加入している乳幼児〜高校3年生までの子どもを育てている親
幼児教育・保育の無償化(※)	**幼稚園、保育所、認定こども園などの利用料が無償**となる。その他保育施設に対しても所得によっては無償となる場合がある	3〜5歳児の育児で幼稚園、保育所、認定こども園などを利用する親。0〜2歳児のいる住民税非課税世帯
高等学校等就学支援金	私立高校だと最大**年額39万6,000円**の就学支援金を国から受給することができる。公立高校についても**年額11万8,800円**の支援金を受け取れる	子どもが私立高校に通う年収590万円未満世帯、または子どもが公立高校に通う世帯年収910万円未満世帯
高等教育の修学支援新制度	**授業料の減免と給付型奨学金**(返済義務のない奨学金)が支給される	大学・短期大学・高等専門学校・専門学校に入学し一定の条件を満たす学生
住宅ローン控除	年末の住宅ローン残高の**0.7%の所得税減税措置**を最大13年間受けられる	住宅ローンを利用してマイホームの新築、取得または増改築などをした場合で、一定の要件を満たす時

(※)自治体による

失業・転職

名称	いくらもらえる？	どんな人がもらえる？
失業手当	**離職日以前の直近6カ月間で支給された毎月給与（賞与は除く）の合計を180で割った金額の50～80%**を受給することができる	職を失った人のうち、勤務先を通じて雇用保険を納めていた人。自己都合退職の場合、離職前の2年間のうち12カ月以上雇用保険に加入していることが条件。会社都合で仕事をやめざるを得なかった人や自己都合であっても正当な理由があった人はその期間が半分（1年間で通算6カ月以上）に軽減
技能習得手当	「受講手当」と「通所手当」の2種類。受講手当は職業訓練を受けた日にもらえ、支給額は**1日500円**、上限額は40日分の2万円まで。通所手当は訓練を行うためにかかる交通費が支給され、上限額は**月4万2,500円**	いつでも就職できる状態で、公共職業訓練を受講する人
求職者支援制度	**月10万円の給付金を受給しながら無料で職業訓練を受けられる。**職業訓練給付金を支給する要件を満たさない場合でも職業訓練を無料で受けることができる	ハローワークに求職の申込みをしていて、雇用保険に加入しておらず、労働の意思と能力があり、職業訓練の支援が必要とハローワークに認められた人
教育訓練給付制度	初めて教育訓練を受ける人は、雇用保険に1年以上の加入期間があると**費用の助成**を受けることができる。受講の対象によって助成される金額が異なる	一定の条件を満たす雇用保険の一般被保険者（在職者）または一般被保険者であった人（離職者）。以前に利用したことがある場合は、前回の給付を受けてから雇用保険の加入期間が3年以上必要
再就職手当	失業手当の給付日数の残日数に応じて異なり、早く再就職すればするほど大きくなる。**給付日数が3分の2以上残っている場合の給付率は70%、3分の1以上残っている場合は60%。**失業手当と再就職手当の併用不可	就職日の前日を基準にし、失業手当を受け取ることができる残りの日数が給付日数の3分の1以上、かつ一定の要件を満たす場合
就業促進定着手当	再就職後の賃金が離職前に比べて低い場合に受け取れる。再就職先に6カ月以上雇用され、6カ月間に支払われた賃金の日割りした額を基準として、離職前の賃金1日分の額と比較。支給額は、**離職前の賃金日額と再就職先の6カ月日割り賃金との金額差に、6カ月間の賃金の支払いが発生した日数をかけた金額**が支払われる	再就職手当の支給を受けた人
U/I/Jターン助成金	引っ越しを伴う転職の場合、自治体によって**補助金の支給**などの支援が受けられる。移住先の市町村に申請	Uターン就職とは、地方から都市部へ移住した人が再び地方の生まれ故郷に戻って働くこと。Iターン就職は出身地とは別の地方に移住して働くこと。Jターン就職は地方から都市部へ移住就職後、故郷に近い所へ戻り働くこと

介護

名称	いくらもらえる？	どんな人がもらえる？
介護休業給付金	**給与のおよそ67%**	雇用保険加入者が介護により仕事を休まなければならない時。職場に復帰することが条件
介護保険	**介護サービス費用の一部**を支給。所得や年齢などによって自己負担限度額は異なり、1割、2割、3割に分かれる。要介護度によっても受けられるサービスが異なる	介護が必要となり要介護・要支援認定を受けた人
高額介護サービス費	毎月の介護費用が高額となった時に、自己負担限度額を超える部分については払い戻しが受けられる	1カ月の介護サービス利用料が所得に応じて定められた自己負担限度額を超えた場合
障害年金	障害状態になってしまった時にお金を受け取ることができる。障害状態は重度により1～3級と分類され、**1級・2級に該当する障害と認められた場合は、障害基礎年金と障害厚生年金を受給することができる。2級に満たない軽い程度の場合は、3級の障害厚生年金を受給できる**	対象となるものは外部障害（眼、聴覚、手足の障害など）、精神障害（うつ病、統合失調症など）、内部障害（呼吸器、血液、糖尿病、がんなど）など
障害手当金	障害年金の給付条件に達しない軽度の障害が残った時に受け取れる一時金	厚生年金の加入者

病気・ケガ・セーフティネット

名称	いくらもらえる？	どんな人がもらえる？
高額療養費制度	1カ月間で負担する医療費の自己負担限度額は所得や年齢に応じて決まっており、それを超過した場合、医療費の一部が払い戻される。食費や、個室にかかる差額ベッド代、先進医療にかかる費用は対象外	加入している健康保険組合に申請した人
傷病手当金	病気やケガの療養を理由に仕事を休んだ日が連続して3日以上続いた場合、4日目以降の仕事に就けなかった日に対して支払われる。1日の支給額は、**支給開始月を含む直近12カ月間の標準報酬月額を平均し、さらに30日で割ったその3分の2**。支給される期間は、支給を開始した日から通算して1年6カ月	健康保険に加入している会社員で、病気やケガの療養を理由に仕事を休んだ日が連続して3日以上続き、4日目以降の仕事に就けなかった人
休業補償給付	休業4日目から**平均賃金にあたる給付基礎日額の60%**を受け取ることができ、加えて**休業特別支援金として給付基礎日額の20%**を受け取れる。受給可能期間に制限はなく、治癒するまで受け取ることができるが、1年6カ月経過後に障害等級第1～3級に該当する場合、傷病年金に切り替わることがある	労働者が業務上や通勤中に負傷したり病気にかかったりすることで働くことができず、事業所から報酬を受け取れない場合
療養補償給付	労災病院や労災保険指定医療機関・薬局などで、**無料で治療や医薬品の提供を受けることができる**	労働者が業務上や通勤中に負傷したり病気にかかったりすることで働くことができない場合
障害補償給付	「障害補償年金」と、「障害補償一時金」があり、認められた障害の等級に応じて支払われる。**障害等級1～7級までは障害補償年金、8～14級には障害補償一時金**を給付	労災を受けた労働者が治癒したものの、障害が残ってしまった場合
傷病補償年金	傷病等級に応じて年金、一時金、特別年金を受け取ることができる。特別年金は算定基礎日額で計算される	労働者が業務上や通勤中に負傷したり病気にかかったりすることで働くことができず、療養から1年6カ月経過しても治癒せず、傷病等級が1～3級に該当する障害が残る場合
医療費控除	**1年間の医療費から10万円（総所得金額200万円未満の者は総所得金額の5%）を引いて残った金額**。控除上限額は200万円	自己または自己と生計を一にする配偶者やその他の親族のために医療費を支払った場合において、その支払った医療費が一定額を超えた人
セルフメディケーション税制	薬局やドラッグストアで販売されている**スイッチOTC医薬品の購入金額から1万2,000円を差し引いて、残った金額**が所得控除として利用できる。控除上限額は8万8,000円で、医療費控除との併用はできない	実際に支払った特定一般用医薬品等購入費の合計額（保険金などで補填される部分を除く）として年1万2,000円を差し引いた金額（最高8万8,000円）以上支払っている人で、健康診断や予防接種など一定の取り組みをしている人
生活保護	困窮世帯に対して、①生活扶助、②住宅扶助、③教育扶助、④医療扶助、⑤介護扶助、⑥出産扶助、⑦生業扶助、⑧葬祭扶助が支援される	働くことができない、または働いていても必要な生活費を得られないなどの状態の人

安心をプラスする「私的年金」と民間保険

自分に合う「私的年金」を選ぼう

老後の生活を安心で豊かなものにするためには、公的年金に上乗せする「**私的年金**」を自分で作っていく必要があります。とはいっても、大きい金額を短期間で貯めたり、投資で増やしたりすることはできません。若いうちからコツコツ積み立てて作っていきましょう。私たちが自分で行う年金作りを支援するために、国は「企業年金」や「確定拠出年金（企業型／個人型）」「国民年金基金」といった制度を設けています。

この中で、お勤めの方が利用しやすいのは**確定拠出年金**です。積み立てたお金を老後のために運用し、その運用成果によって将来の受け取る金額が決まる年金制度です。毎月決まった金額を積み立て、それを投資信託や定期預金などで運用しながら増やしていく仕組

私的年金の種類

会社員のみが使える	自営業／個人事業主のみが使える	誰でも使える
・企業年金 ・企業型確定拠出年金	・国民年金基金 ・付加年金	・個人型確定拠出年金（iDeCo） ・個人年金保険

みになっています。老後に受け取れる金額は運用の成果によって変わり、うまく運用すれば増えますが、リスクも伴います。

また、確定拠出年金には、会社が掛金を負担する「企業型」と、個人が自分で掛金を負担する「個人型（ｉＤｅＣｏ）」があります。ｉＤｅＣｏは個人が自分で老後のために積み立てを行い、その資金を運用していく年金制度です。

毎月の掛金を自分で決め、自分で投資する商品を選んで運用していき、60歳を過ぎてから年金として受け取ります。目的が老後の年金作りなので、ｉＤｅＣｏで運用する資金は**60歳まで引き出すことはできません**。そしてもう一つ、国民の老後資金作りを応援するために、ｉＤｅＣｏで運用する資金は**運用途中で利益が出ても税金がかからない**点も大きな特徴です。

ｉＤｅＣｏは定期預金に預けることができますが、その代わり掛金が増えることもあまりないので、ｉＤｅＣｏの税金がかからず長期運用ができるというメリットを生かすには、掛金を増やす力の大きい株式などに投資する投資信託も考えてほしいです。

投資信託は運用途中で元本割れ、つまり一時的にマイナスになることもあるので、特徴をよく理解した上で投資しましょう。

ｉＤｅＣｏにはさらにもう一つ、大きなメリットがあります。毎月の掛金の全額を、「小規模企業共済等掛金控除」として所得控除できるので、**所得税を減らすことができる**のです。詳細は省きますが、ｉＤｅＣｏで運用した資金を老後に年金として受け取る時にも、有利な税制措置があります。**老後資金作りにはｉＤｅＣｏは最強の制度なのです。**

毎月の掛金の上限額は、働き方や勤務先が採用している年金によって異なります。詳しくは表にまとめましたが、他の企業年金制度にも加入する第2号被保険者は、２０２４年12月より、上限が月額1万２０００円から2万円に引き上げられます。

ただし、他の制度の掛金と通算され、企業型確定拠出年金（企業型ＤＣ）や確定給付企業年金（ＤＢ）などの掛金額との合計が月額5万５０００円を超えることはできません。厚生年金のみの方は2万３０００円が上限となります。個人事業主の方は、厚生年金に加

iDeCoの職業ごとの掛金の上限

自営業者など 第1号被保険者	月額6万8,000円

会社員 第2号被保険者		企業型DCに加入している	企業型DCとDBに加入している	企業年金がない（厚生年金のみ）
	iDeCoの掛金	月額2万円	月額2万円	月額 2万3,000円

公務員など 第2号被保険者	月額2万円

専業主婦(夫) など 第3号被保険者	月額2万3,000円

入できない分iDeCoの掛金が大きくなっており、毎月6万8000円まで投資することができます。

企業型確定拠出年金は、仕組みや本人がやること自体は個人型とそう変わりません。企業が社員へのサービスとして掛金を積み立ててくれる場合があり、その点は個人型より有利といえるでしょう。

企業年金は、勤務先が厚生年金よりさらに給付額が多くなるように、独自に運営する年金です。社員は特に何もすることがありませんが、さらにiDeCoを併用して年金額を上乗せできる場合があります。

個人事業主の方は、iDeCoのほかに「**国民年金基金**」を利用することができます。お勤めの方が加入している厚生年金の個人事業主版といったところで、掛金は自分で設定して負担し、それに応じて将来の受け取り額が決まります。自分で運用する必要はありません。生涯にわたって受け取ることができ、運用の収益を取り崩せば終わりになるiDeCoとはこの点も大きく違っています。iDeCoと国民年金基金は併用できるので、終身で受け取れる基本的な生活保障は国民年金基金で、運用で増やして余裕を作る目的でi

DeCoを利用するというように、組み合わせて自分の年金を設計するのもよいでしょう。

この他、国民年金に月額400円を上乗せして納付することで、年金を受給する時に「納付月数×200円」が毎年加算されて受け取れる**「付加年金」**もあります。たとえば30歳から60歳までの40年間、毎月400円を払い込むと、将来受け取れる年金の増加分は7200円（年額）となります。iDeCoとは併用できますが、国民年金基金とは併用できません。自分に合った制度をよく検討してみてください。

民間保険の必要性を考えよう

これまで見てきた健康保険や年金、雇用保険、労災保険など、私たちの生活は公的な社会保障によって守られています。

その上で、個々の状況に応じて、さらに備えを厚くしたいというニーズはさまざまです。たとえば子育てをしている世帯で、主に収入を得ている親が亡くなってしまった時に、子どもの教育費が支払われるような保険が欲しいと考える人は少なくないでしょう。このような人に向けて、民間の保険会社がいろいろな種類の保険商品を販売しています。

社会保障だけでは補いきれないもの（一例）

リスク	社会保障	補いきれないもの
出産・育児・子育て	出産一時金、育児休業給付金、幼児教育の無償化など	重いつわりによる入院や帝王切開の手術費、子どもの教育費、子どものトラブルへの賠償など
病気・ケガ	高額療養費など	先進医療保険適用外の治療費、差額ベッド代など
働けなくなった時	傷病手当金、障害年金など	生活資金など
死亡	遺族年金など	家族の生活資金、葬式代など
老後	老齢年金など	ゆとりある生活資金など

民間の保険商品は、大きく「**生命保険**」と「**損害保険**」に分けることができます。生命保険は人の生死や病気、ケガや入院などの保障をする保険で、損害保険は事故によって起きた損害・損失をお金に換算して支払いを受けられる保険です。

生命保険の役割は主に4つあります。

①死亡・高度障害に備える
②病気・ケガに備える
③働けなくなった時に備える
④将来に備える

保険の対象者が亡くなったり、または病気やケガによって障害を負ったりした場合に保険金が支払われるものが**死亡保険**です。自分を含む保険の対象者が亡くなった後に家族へのお金を残したい場合や、葬式代などを準備しておきたい場合に加入します。死亡保険が支払われる障害は、両目の視力を永久に失う、言語または咀嚼《そしゃく》機能を永久に失う、片手の手首以上と片足の足首以上を失うなど、非常に高度な障害に限定されています。

死亡保険には、余命6カ月以内と診断された保険の対象者に対して、生きている間に死亡保険金を支払うものもあります。医療費の補助や余命期間を充実させるための資金に使うことができ、死亡保険金の範囲内で3000万円程度まで受け取れます。

病気やケガに備えたい場合は、**医療保険やがん保険**に加入します。

医療保険は、病気・ケガの入院や通院、手術などに備える保険で、入院1日あたりの給付金と、手術を受ける時の給付金を受け取れます。また、健康保険の対象になっておらず費用が数百万円と高額にのぼる「先進医療」も、医療保険に特約をつけることでカバーすることができます。

現在では死因のトップになっている「がん」の治療についても、がん保険で備えることができます。がんは高額な治療費がかかる場合があるほか、治療の長期化や再発・転移してしまう可能性があります。契約の内容によって、がん診断一時金、がん入院給付金、治療給付金、がん通院給付金などが支払われるため、がんにかかってしまった時には非常に心強いでしょう。

ここで、医療保険に入ることを考えている人に一つアドバイスさせてください。医療保険を契約する前に、**「自分に足りていない保障額の分だけ保険に入ろう」**ということです。

保険はすべて、契約者に保障を与えてくれるものですが、保険料には保険会社の運営費用や利益が必ず含まれています。つまり保険はタダではありません。もし自分の手元にあるお金で治療費をまかなえて心の不安をカバーできるなら、わざわざ保険に加入して高いお金を払う必要はない……と思いませんか？

たとえばがん治療であれば、平均的にかかる費用と、健康保険を通じて国からもらえるお金は調べれば分かり、自己負担は一般的におよそ50万～100万円になります。この金額が分かれば、「100万円を用意するために貯金を崩すのか、それとも保険の力を借りるのか」と、自分にとって保険が必要か考えることができます。

医療保険の考え方として、今現在は貯蓄や資産が少なく、医療費が高額になった時に支払い切れない可能性がある人や、先進医療などの高額な治療に備えたい人は、加入を検討してみてください。

働けなくなった時に備える保険として、「**就業不能保険**」があります。ケガや病気などで働けなくなった時に、お給料のように給付金を毎月受け取れる保険です。仕事ができなくなってから回復するまで、または保険期間が満了するまで支払われます。

個人事業主や自営業をしている人、将来働けなくなった時の収入減に備えたい人には、就業不能保険は価値があります。

そして、子どもがいる家庭ではご夫婦そろって「**収入保障保険**」に入ることをおすすめします。男性が収入の柱となっている家庭の場合、夫が亡くなった時の収入保障が得られます。そして、仮に妻が専業主婦で収入がなかったとしても、妻が亡くなったり高度な障害が起きたりすると夫は子どもの面倒を見なければいけなくなるので、時短で働くようになるでしょう。その分収入が下がる可能性があり、そうなると子どもの教育資金作りなどにも差し支えが出てくるかもしれません。こういう場合にも収入保障保険が力を発揮します。子どもが小さい時には保障を大きく、子どもが成長して学費はもう貯まっているとなれば、保障は最低限に抑えるなど、状況に応じて負担を調整することができます。このように、収入保障保険は、お子さんがいる家庭におすすめの保険なのです。

将来に備える保険の中では、子どもの教育資金を準備するための「**学資保険**」がよく利用されています。保険料を毎月支払って、将来子どもにかかる教育資金を準備するもので、満期になると学資金が受け取れます。仮に保険期間中に契約者が死亡した場合でも、それ以降の保険料が免除となり、学資保険の保障がそのまま継続され、学資金を受け取ることができます。

ただし、途中で解約すると、受け取り金額が払った金額以下になる場合があります。また、最近の学資保険は利率が低いので、将来受け取れる額が増えづらく、インフレに対応できないというデメリットもあります。

学資保険は確実性を重視する方には向いていると思いますが、リターンを重視したい方はデメリットも理解した上で検討しましょう。

ライフステージに合わせて保険を見直そう

年齢や、結婚・出産・育児、仕事の変化など、人生や生活の状況によって保険で備える必要がある物事は変わります。

独身の時は、自分の身以外に守るものはほとんどないという人が多いと思います。貯蓄が少ない時期に医療保険のみ入っておく程度で問題はなさそうですが、その後結婚をして子どもが生まれたりすると、事情はガラッと変わりますよね。長い時間をかけて子どもの教育費を準備していく必要がありますし、もし自分に何かがあった時のために、残された家族に必要な保障を残しておかなければいけません。その分、この時期が一番保険の費用がかかります。その後、子どもの独立に伴って保険の必要性は下がっていきます。

保険見直しのタイミングには、次のようなものがあります。

- **結婚：保険金受け取り人の変更や保障の追加など**
- **住宅購入：団体信用生命保険の加入に伴う死亡保障の減額など**
- **子どもの誕生：死亡保険・就業不能保険・収入保障保険の追加や教育資金の準備など**
- **子どもの独立：死亡保険の減額、医療保険の追加など**
- **保険更新時：終身型への変更など**
- **フリーに転身：就業不能保険や医療保険の追加など**

事情が変わるごとに保険を見直して、不要な保険はカットして、ムダなお金を払わないように心がけましょう。

次の表は「Ｉ　ａｍ」で、受講生の方々と一緒に使っている「保険見直しシート」です。現在、一家で入っている保険を細かく書き出して、払っている保険料を把握します。すべて書き出すことで重複がないかを確認できますし、改めて家計の中での保険料負担を「見える化」できます。その上で、今現在から将来に向けて備えておきたい心配なことと、保険の内容が合っているかどうかを確かめて、保険の入れ替えや削減を検討してみてください。

次のような視点で洗い出して整理してみましょう。

- **重複している保障はないか？**
- **毎月支払いがきつい保険はないか？**
- **長く加入していて生活様式に合っていないことはないか？**

ここまで、お金を貯める、増やす、稼ぐ、そして守るための知識を身につけた皆さんなら、この先どんな行動を起こすといいか、もう分かるはずです。自分らしい方法で、楽しく、お金と付き合っていきましょう！

保険見直しシート

保険の加入状況について書き出してみましょう。

※結婚している場合は配偶者の額も確認しておきましょう。

	加入保険名	保険の種類	費用（円／月）
夫			
合計＿＿＿＿＿＿（円／月）			

	加入保険名	保険の種類	費用（円／月）
妻			
合計＿＿＿＿＿＿（円／月）			

	加入保険名	保険の種類	費用（円／月）
子ども			
合計＿＿＿＿＿＿（円／月）			

どんなリスクに備える？（例:万が一の入院）

おわりに

最後まで読んでくださり、ありがとうございます。この本を読んで、お金に対しての不安や疑問は解消されたでしょうか？　皆さんが、「自分にもできるんだ！」と前向きな気持ちになってくださったら嬉しいです。

お金のことを学べる本は、この世に数えきれないほどあります。だからこそ、私がこの本を通じて発信できるテーマは「**自己理解×お金の知識**」だと信じて、制作を進めてきました。皆さんが、自分の強みや性格に合った理想のお金術を見つけられるように、必要な知識を広く深く、分かりやすく説明できているか、何度も確認をして作り上げました。

勉強をする時間がもっと楽しく、ときめくものになるようにと願いを込めて、**デザインのかわいさ**にもこだわりました。表紙もお気に入りなので、カバーを外して、いろいろな場所へ気軽に持ち運んでいただけたらと思います。

私は「大人になったら、お金に強くなって、両親を楽にしてあげたい」と思っていました。しかし、私自身もお金の使い方が下手で、浪費ばかりして貯金が全然できませんでした。理想の自分と現実の自分の差を感じて、自分に自信が持てませんでした。
そんな私が変われたのは、お金の勉強を始めたことがきっかけです。今では、好きな物に囲まれた部屋に住み、好きな物を買い、両親を旅行に連れていくなど、少しの余裕を持てるようになりました。独立系FPとしての仕事にも挑戦できています。何よりも、自分に自信が持てるようになりました。

お金に関する知識は一生モノのスキルだと思います。私たちは、死ぬまでお金と向き合わないといけないし、その知識があれば、大切な人を助けることもできます。
そして、**お金はやりたいことを叶えるための「選択肢」を増やす手段**だと思っています。これからも貯金や投資を続けて、**「お金を理由に我慢することなく、自分の力で夢を叶えていける人」**を目指したいです。

皆さんとの面談や、日頃のやり取り、これまでの経験を詰め込んだので、この本ができあがったのはこれを読んでくださっている皆さんのおかげです！　フォロワーの皆さん、「Ｉ　ａｍ」で一緒に勉強をしている皆さん、「Ｉ　ａｍ」の運営メンバー、仲よくしてくれている友達やお仕事仲間、出版社の皆さん、いつも本当にありがとうございます。
この本が、皆さんの人生の選択肢を増やすきっかけになれば幸いです。

２０２４年12月　まいやん

まいやん

大学卒業後、金融機関でファイナンシャル・プランナーとして、ライフプランニングや資産運用の提案業務に従事。独立し、金融セミナーの企画やコーチングトレーナーなどの仕事をしながら、InstagramやTikTokを中心に、家計管理や投資に関する発信を始める。2024年にはお金の勉強×コーチング講座「I am」を開講。

Instagram：@mai.kakeibo.life

TikTok：@mai.kakeibo.life

貯金《ちょきん》・投資《とうし》を始《はじ》めたいので、私《わたし》に合《あ》う方法《ほうほう》を教《おし》えてください！

“自分《じぶん》らしさ”から見《み》つけるお金《かね》の増《ふ》やし方《かた》

2024年12月3日　初版発行

著者／まいやん

発行者／山下 直久

発行／株式会社KADOKAWA

〒102-8177　東京都千代田区富士見2-13-3

電話 0570-002-301（ナビダイヤル）

印刷所／TOPPANクロレ株式会社

製本所／TOPPANクロレ株式会社

●お問い合わせ
https://www.kadokawa.co.jp/（「お問い合わせ」へお進みください）
※内容によっては、お答えできない場合があります。
※サポートは日本国内のみとさせていただきます。
※Japanese text only

定価はカバーに表示してあります。

ISBN 978-4-04-607106-4　C0077